쟁점과 공중

쟁점과 공중

차 동 필 著

 한국학술정보[주]

저자 서문

PR이란 Public(공중)과 Relations(관계)로 이루어진 말이다. 즉, PR이란 공중과의 우호적인 관계를 유지하고 발전시키는 과정이라고 볼 수 있다. 그렇다면 공중이란 누구인가? 공중의 개념에 대해 학자들마다 서로 다른 의견이 있을 수 있지만, 대체로 공중이란 쟁점(issue)을 중심으로 형성되는 사람들의 집단이라는 점에서는 동의하고 있다.

여기서 쟁점이란 개인이나 조직의 활동에 영향을 미칠 수 있는 제반 문제라고 간단히 말할 수 있다. 이와 같이 공중이란 쟁점을 중심으로 형성되기 때문에 쟁점의 성격에 따라 서로 다른 공중이 형성된다. 즉 어떤 쟁점에 대해서는 적극적으로 생각하고 행동하지만, 또 다른 쟁점에 대해서는 그렇지 않을 수 있다. 예를 들어, 요즘처럼 대학생 취업이 어려운 시점에 청년실업 문제에 대해서 대부분의 대학생들은 적극적 공중이 될 것이지만, 북핵문제를 둘러싼 6자회담 등과 문제에 대해서는 적극적 공중이 아닌 소극적 공중이 될 가능성이 높다.

PR에서 공중을 논할 때 쟁점이 중요한 이유는 이와 같이 쟁점의 종류에 따라 서로 다른 공중이 형성되며, 이렇게 형성된 공중은 그 쟁점에 대한 생각의 깊이와 이어지는 행동이 다를 수 있기 때문이다. 앞의 예에서처럼 청년실업문제에 대해 적극적인 대학생들은 이 문제에 대해 북핵문제보다 더 깊게 생각하고 더 많은 관심을 가질 것이며, 이 문제를 가지고 다른 사람들과 더 많은 대화를 나눌 것이고, 구직 사이트 검색 등과 같은 정보탐색 활동 또한 더 활발하게 할 것이다.

이와 같이 공중을 논할 때 빼놓을 수 없는 것이 쟁점이다. 그렇다면 어떤 쟁점이 공중의 생각과 행동에 영향을 가장 많이 미칠까? 여기에는 여러 가지 설명이 가능하다. 예컨대, 어떤 쟁점이 자신에게 특히 중요하거나 자신과의 관련성이 높을수록 그 쟁점의 영향을 많이 받을 것이다. 그렇지만 이러한 개인적인 중요성이나 관련성 이외에 가장 일반적이고 보편적인 영향을 주는 것은 아마도 매스 미디어에서 그 중요성이 부각된 쟁점일 것이다. 즉, 매스 미디어에서 중요한 의제로 부각(강조)된 쟁점이 공중의 현실에 대한 지각과 이어지는 커뮤니케이션 행동에 가장 큰 영향을 미칠 수 있다는 것이다.

그렇다면 매스 미디어에서 부각된 쟁점이라고 해서 모두 공중의 지각과 행동에 영향을 미칠까? 매스 미디어에서 강조한 쟁점이라도 그 쟁점의 유형에 따라 서로 다른 영향력을 발휘하는 것은 아닐까? 여기에 대한 설명의 근거가 바로 쟁점의 '두드러짐'이다. 쟁점의 두드러짐이란 사람들이 쟁점에 대해 개인적으로 경험할 수 있는 정도를 말한다. 즉 평소에 사람들이 생활을 하면서 직접 경험할 수 있는 쟁점은 '두드러진 쟁점'이며, 그렇지 못한 쟁점은 '두드러지지 않은 쟁점'이라고 할 수 있다. 예를 들어, 실업, 범죄, 그리고 물가문제처럼 공중들이 직접 경험하는 문제가 바로 두드러진 쟁점이다. 반면에 정치인의 부패, 국제문제처럼 공중이 직접적으로 경험하지 못하는 문제는 두드러지지 않은 쟁점이다.

그렇다면 동일한 논리에 의해 두드러진 쟁점과 두드러지지 않은 쟁점 중 어느 쟁점이 공중의 지각과 행동에 더 많은 영향을 미칠까? 여기에 대한 답은 그렇게 간단하지 않다. 어떤 경우에는 두드러진 쟁점이 더 큰 영향을, 그리고 또 어떤 경우에는 두드러지지 않은 쟁점이 더 큰 영향을 미칠 수 있다는 것이 지금까지의 연구결과이다. 그렇지만 중요한 것은 두드러진 쟁점과 두드러지지 않은 쟁점은 공중의 지각과 행동에 차별적 영향을 미친다는 점이다. 그리고 이러한 사실은 PR전략 수립에 중요한 시사점을 제공해 주고 있다.

즉 조직에서 PR실무자들이 PR프로그램을 기획할 때, 조직이 다루어야 할 공중을 정의하는 것 못지않게 중요한 것은 공중의 인지, 태도, 그리고 행동에 영향을 미치는 쟁점의 성격과 유형을 규명하는 일이라는 것이다.

이 책은 저자의 박사학위 논문 "쟁점의 유형에 따른 공중의 문제인식 및 커뮤니케이션 행동"(경희대학교 대학원 신문방송학과, 2002)을 약간 수정·보완한 것이다. 따라서 일반인들이 읽기에는 다소 어려운 내용들이 있을 수 있다. 독자들은 이러한 점을 감안하여 읽어주기 바란다.

끝으로 보잘것없는 논문을 책으로 내어 주겠다고 제안하신 한국학술정보(주) 사장님을 비롯한 권현옥 팀장님 등 관계자 여러분에게 진심으로 감사의 말씀을 전하고 싶다.

2005. 여름

차 동 필

목 차

표 차 례

제1장 서 론

제1절 문제제기

1994년 말 인텔(Intel)사가 제조하여 판매하는 개인용 컴퓨터(PC) 칩(chip)에 결함이 있다는 내용이 알려지자 한 인터넷 동호회(newsgroup) 회원들은 그들의 게시판을 비롯한 인텔사 홈페이지에 소문의 진상을 밝힐 것을 요구하는 글을 올렸다. 그러자 인텔사는 처음에는 그러한 소문은 전혀 근거가 없는 것이라고 하였다가 나중에는 소문의 결함은 극히 미미한 것이어서 전문사용자들에게도 문제가 되지 않으니 일반사용자들은 더욱 염려할 것이 없다는 식의 내용을 발표하였다. 그리고 결함이 발견된 칩은 즉시 교환해 주겠다는 내용도 덧붙였다. 인텔사의 이 같은 무성의한 반응에 격분한 소비자들은 동호회 회원뿐만 아니라 일반인들까지 가세하여 격렬하게 항의를 하였다. 더구나 처음에는 가만히 지켜만 보고 있던 컴퓨터 전문가들과 언론사까지도 가세하여 인텔사를 공격하기 시작하였다. 사태의 심각성을 뒤늦게 깨달은 인텔사는 컴퓨터에 장착된 현재의 칩을 모두 새것(updated)으로 교환해 주겠다는 내용을 포함한 사과광고를 신문에 게재하는 등 온갖 고난을 감수하고 나서야 겨우 소비자들의 분노를 가라앉힐 수가 있었다.

인텔사의 이 사례[1]는 PR(public relations)에서 위기관리 프로그램의 중요성을 말해주는 좋은 예가 될 수 있는 한편, 조직에서 공중(public)에 대한 명확한 인식이 얼마나 중요한가를 일깨워 주는 훌륭한 사례라 할 수 있다. 당시 인텔사는 공중에 대한 개념조차 없었을 뿐만 아니라 공중의 행동에 대해서도 전혀 예측하지 못하고 있었다고 볼 수 있다.

조직에서 PR실무자들이나 연구자들이 PR을 다룰 때 가장 먼저 해결해야 할 문제가 두 가지 있다. '내가 다루어야 할 공중은 누구인가?'와 '그 공중과 어떤 관계를 맺어야 하느냐?'이다(Grunig, 1978). 이러한 문제는 PR이란 어휘가 '공중(public)'과 '관계(relations)'로 이루어져 있기 때문에 어쩌면 너무나 당연하고도 근본적인 문제가 아닌가 싶다. 그런데 대개의 경우 PR관계자들은 첫 번째 질문보다 두 번째 질문에 치중한 나머지 공중을 파악하는 일을 소홀히 하는 수가 많다. 다시 말해 자신이 다루어야 할 공중이 누구인지 밝히는 작업보다 어떻게 하면 공중과 우호적인 관계를 맺느냐에 더 많은 시간과 노력을 할애하고 있는 듯하다는 것이다. 그러나 이것은 마치 전

---

1) 이 사례는 헤릿(Hearit, 1999)의 논문에 실린 내용을 저자가 요약한 것임.

쟁에서 자신이 싸워야할 대상이 누구인지도 모른 채 전략을 세우는 것과 같다고 할 것이다.

조직의 PR프로그램은 자신이 상대해야 할 공중을 정확히 정의하는 것부터 시작해야 한다. 다시 말해 PR 관리자들은 조직의 '목표공중(target public)'을 제대로 설정해야 한다. 그런데 대부분의 조직에서는 목표공중이 아닌 일반 이해관계자(stakeholders), 일반공중(general public), 혹은 수용자(audience)를 염두에 두고 PR활동을 하고 있는 경우가 많다(Grunig & Repper, 1992). 더구나 그러한 활동조차도 대개 퍼블리시티(publicity)를 염두에 둔 보도자료(press release) 배포 등에 국한되어 있는 경우가 보통이다. 이럴 경우 PR활동은 단순한 미디어 관계(media relations)에 지나지 않는다.

모핏(Moffitt, 1994)은 수용자를 "소비자, 종업원, 지역사회 주민들처럼 조직과 관계를 공유하는 사람들의 집단"(p.168)이라고 하였다. 그리고 공중이란 "지식, 태도, 행동, 혹은 이미지를 공유하고 있는-수용자 집단 내에 있는-사람들의 집단"(p.168)이라고 정의하고 있다. 따라서 모핏(1994)은 수용자는 조직과 관계를 공유하고 있기는 하되, 공중만큼 밀접한 상호관계를 맺고 있는 것이 아니며, 공중은 수용자 집단을 이루는 부분집합이라고 말하고 있다. 맥퀘일(McQuail, 1987)도 미디어의 수용자를 공중보다 더 큰 의미로 파악하고 있으며 공중을 포함하고 있다고 지적하고 있다.

흔히들 일반공중이란 말을 자주 사용하는데, 사실 일반 공중이란 없다(Grunig & Hunt, 1984). 뒤에서 자세히 설명하겠지만, 공중이란 항상 특수하며 어떤 공통된 문제를 둘러싸고 형성되기 때문에 일반적일 수가 없다. 따라서 조직의 입장에서도 효율적인 PR프로그램의 실행을 위해서 일반공중이 아닌 목표 공중이라 불리는 특별하게 정의된 집단이 필요하다(Cutlip, Center, & Broom, 1994).

이해관계자와 공중도 종종 동의어로 쓰이고 있지만 차이가 있다. 일반적으로 사회의 모든 구성원들은 조직의 이해관계자라 할 수 있다. 왜냐하면 사람들은 조직의 결정에 영향을 받거나 영향을 주는 위치에 있기 때문이다. 프리먼(Freeman, 1984)은 이해관계자를 "조직의 행위, 결정, 정책, 실행, 혹은 목표에 영향을 주거나 받을 수 있는 어떤 개인이나 집단"(p.25)이라고 정의하고 있다. 예를 들어 기업체의 이해관계자에는 소유주, 소비자 단체, 고객, 경쟁자, 공급자, 정부 그리고 지역사회의 조직체 등이 포함될 것이다. 브로디(Brody, 1988)는 이해관계자를 다소 쌍방향적으로 보고 있는데, "조직의 이해와 하나 혹은 그 이상의 측면에서 일치하는 집단이나 개인"(p.81)이라고 규정하고 있다.

이와 같이 이해관계자에는 여러 집단의 구성원들이 포함될 수 있다. 그런데 사실은 이해관계자에 포함된 모든 사람들이나 집단들이 조직에 영향을 주거나 받는 것은 아니다. 그들 중의 일부만이 그러할 뿐이다. 그러므로 PR관계자의 입장에서는 조직의 영향을 실질적으로 받거나 줄 수 있는 가능성이 높은 사람들을 구별할 필요가 있다. 여기에 사용되는 기법이 '세분화(segmentation)'이다. 세분화는 마케팅에서 매우 발달된 개념이다. 마케팅에서는 연령이나 교육, 소득수준 등과 같은 인구사회학적 변인, 거리나 지역에 의한 지리적 변인, 그리고 라이프스타일이나 사이코그래픽스(psychographics)와 같은 사회·심리학적 변인들을 사용하여 유사한 행동적 반응(예컨대, 상품의 구매, 채택, 사용 등)을 보이는 시장을 가려내는 세분화 기법이 광범위하게 사용되고 있다(Lamb, Hair, & McDaniel, 2000). 그러나 마케팅에서 개발된 시장의 세분화처럼 PR영역에서 개발된 공중의 세분화에 관한 이론은 거의 찾아보기 힘들다(Grunig & Repper, 1992). 이러한 점에서 그루닉(Grunig)의 '상황 이론(situational theory)'은 PR분야에서 그 가치가 돋보이는 세분화 이론이라고 할 수 있다.

그루닉의 상황 이론은 쟁점(issues)을 중심으로 한 이론이다(Grunig, 1978, 1982, 1983a, 1983b; Grunig & Childers, 1988; Grunig & Disbrow, 1977; Grunig & Ipes, 1983; Grunig, Nelson, Richburg, & White, 1988). 즉 쟁점을 중심으로 상이한 공중이 형성되며, 이렇게 형성된 서로 다른 유형의 공중들

은 커뮤니케이션 행동에 있어서도 차이를 보인다는 것이다. 상황 이론에서는 공중을 공통적인 무엇을 가지고 있으며 동일한 문제나 쟁점에 의해 영향을 받으며, 또한 그 문제나 쟁점에 관해 유사하게 행동하는 집단의 구성원들로 규정하고 있다(Grunig & Hunt, 1984).

상황 이론은 세 개의 독립변인(상황변인)과 두 개의 종속변인으로 이루어져 있다. 문제인식(problem recognition), 제약인식(constraint recognition), 그리고 관여도(level of invol-vement)가 독립변인이며, 종속변인은 이러한 독립변인들의 상황에 의한 공중들의 커뮤니케이션 행동을 뜻하는 정보추구(information seeking) 및 정보처리(information processing) 행동으로 나누어진다.

상황 이론은 상황이 공중 및 공중의 커뮤니케이션 욕구를 만들어낸다는 것을 가정하고 있다(Grunig et al., 1988). 문제가 되는 상황은 하나 혹은 그 이상의 공중을 형성하게 되는데, 공중의 수는 그 상황에 영향을 받는 사람들이 상황을 어떻게 시각하느냐에 달려 있다. 따라서 그루닉의 독립변인들은 상황에 대한 지각으로 볼 수 있다. 문제인식은 사람들이 상황에 대해 무엇인가 조치를 취해야 한다고 지각하는 정도를 나타낸다. 제약인식은 그 상황에 대해 조치를 취할 수 있는 자신의 능력을 제한하는 장애가 있다고 느끼는 정도를 말한다. 그리고 관여도란 개인이 상황과 자신이 얼마나 관련이 있나 지각하는 정도를 말한다. 이러한 독립변인들은 두 개의 종속변인들을 설명한다. 즉 적극적 커뮤니케이션 행동을 나타내는 정보추구와 소극적 커뮤니케이션 행동을 뜻하는 정보처리가 그것이다. 상황 이론은 어떤 쟁점에 대한 문제인식의 정도가 높고 제약인식의 정도가 낮으며, 그 쟁점에 대한 관여도가 높으면 사람들은 적극적으로 정보를 추구하고 처리할 가능성이 높다는 것을 예측하고 있다. 반면 공중의 문제인식이 낮고 제약인식이 높으며, 관여도마저 낮다면 이러한 공중의 구성원들은 적극적으로 정보를 추구할 가능성이 낮다. 단지 들어오는 정보를 소극적으로 처리할 가능성만 높다는 것이다.

상황 이론은 그루닉 자신을 비롯하여 그동안 많은 연구자들에 의해 검증된 이론(Aldoory, 2001; Grunig & Repper, 1992)이긴 하지만, 우리나라에서는 아직 이 이론에 대한 검증 연구(권중록, 2000; 김인숙, 1997; 윤희중·차희원, 1998; 차동필, 2002)가 얼마 되지 않아 손에 꼽을 정도이다. 이렇게 상황 이론 관련 연구가 부족한 것은 전반적으로 PR분야에 대한 우리 학계 및 실무영역에서의 관심이 부족하였다는 데에서도 그 이유를 찾아볼 수 있겠지만, 이 이론이 지닌 학문적·실용적 중요성이 그동안 간과되어 온 데에도 원인이 있을 것으로 사료된다. 이것은 상황 이론을 적용한 연구가 앞으로도 계속되어야 할 필요성이기도 하다.

제2절 연구목적

지금까지 상황 이론을 적용한 연구는 크게 두 가지 유형으로 나누어 볼 수 있다. 기본검증(replication)과 확장연구(extension)가 그것이다. 기본검증이란 상황 이론의 독립변인들에 따라 어떤 유형의 공중들이 형성되며, 또한 이들의 커뮤니케이션 행동은 어떠한지에 관한 연구이다. 즉 세 개의 독립변인인 문제인식, 제약인식, 관여도 등과 두 개의 종속변인인 정보추구와 정보처리와의 관계를 규명하고자 하는 것이다. 확장연구는 독립변인 및 종속변인에 관한 세부적인 연구라고 할 수 있다. 지금까지 진행되어온 확장연구의 유형은 종속변인의 추가(addition, 예컨대, 윤희중·차희원, 1998; Atwood & Major, 1991; Grunig, 1979, 1982, 1989; Grunig & Stamm, 1979; Hamilton, 1992; Heath, Liao, & Douglas, 1995; Stamm & Grunig, 1977), 독립변인의 차원(dimension)분석(예컨대, Cameron & Yang, 1991; Dorner & Coombs, 1994; Heath & Douglas, 1990), 그리고 독립변인에 미치는 선행요인(antecedent factors)에 관한 연구(예컨대, Aldoory, 2001; Hallahan, 2000b; Sha, 1999) 등으로 나누어 볼 수 있다.

이 연구에서는 주요한 독립변인 중의 하나인 문제인식에 미치는 선행요인을 연구의 대상으로 삼았다. 공중의 문제인식이 낮으면 제약인식과 관여도는 크게 작용을 하지 못하게 되어 공중의 적극적인 커뮤니케이션 행동을 기대하기 어려운 경우가 많다(Grunig & Childers, 1988; Grunig & Hunt, 1984). 즉 문제인식이 높아야 활동적인 공중이 될 가능성이 높아지는 것이며, 그에 따라 적극적으로 정보를 추구할 가능성 또한 커지는 것이다.

공중의 문제인식에 영향을 주는 요인은 여러 가지가 있을 수 있다. 예를 들어 어떤 쟁점이 가지고 있는 고유한 특성, 쟁점에 대한 개인적인 경험, 대인 커뮤니케이션 등을 생각해 볼 수 있다. 그리고 이러한 요인들 이외에도 매스 미디어의 영향을 생각해 볼 수 있다(Lasorsa & Wanta, 1990). 현대사회에서 공중은 매스 미디어의 영향을 받지 않고 살아가기란 어렵다. 커뮤니케이션 영역에서 공중의 문제인식에 미치는 매스 미디어의 영향을 가장 잘 설명하고 있는 이론이 '의제설정 효과 이론(agenda-setting effect theory)'이라고 사료된다. 맥콤과 쇼(McCombs & Shaw, 1972)에 의해 제안된 매스 미디어의 의제설정 효과 이론은 매스 미디어의 의제가 공중의 의제로 이어진다는 것으로, 공중의 문제인식에 미치는 매스 미디어의 영향력을 강조하고 있는 이론이라고 볼 수 있다. 드플루어와 볼로키치(DeFleur & Ball-Rokeach, 1989)는 매스 미디어는 개인들이 접근하기 어려운 자원이나 정보에 대한 통제권을 가지고 있기 때문에, 사람들이 그러한 자원이나 정보를 필요로 할 경우 결국 매스 미디어에 의존할 수밖에 없다고 한다. 그루닉(1979) 자신도 매스 미디어가 공중의 태도나 행동에 영향을 미칠 가능성보다도 토론을 위한 쟁점의 의제를 설정해 줄 가능성이 더 크다고 주장하고 있다. 따라서 공중의 문제인식은 매스 미디어의 영향을 받는다는 추론이 가능할 것이다.

그렇다면 매스 미디어에서 강조하는 모든 쟁점이 공중의 문제인식에 영향을 주는 것일까? 혹시 쟁점의 성격에 따라 의제설정효과가 달리 나타나는 것은 아닐까? 주커(Zucker, 1978)는 이러한 문제에 대한 해답으로 쟁점의 '두드러짐(obtrusiveness)'을 들고 있다. 즉 쟁점의 두드러짐 여부에 따라 어떤 쟁점은 의제설정효과가 나타나는 반면, 또 다른 쟁점은 의제설정효과가 나타나지 않는다는 주장을 하고 있다.

여기서 쟁점의 두드러짐이란 사람들이 평소에 직접 그 쟁점을 경험할 수 있는지의 여부에 의해 결정된다(Winter, 1981). 예컨대, 실업문제는 공중들이 직접 경험할 수 있는 문제이기 때문에 두드러진 쟁점이며, 국제문제는 공중들이 직접 경험하기 어렵기 때문에 두드러지지 않은 쟁점에 속한다. 지금까지 연구결과에 의하면, 주커(1978)를 비롯한 얄(Eyal, 1980), 그리고 위버 등(Weaver, Graber, McCombs, & Eyal, 1981)은 두드러진 쟁점보다 두드러지지 않은 쟁점에서 의제설정효과가 발생할 가능성이 더 높다고 제안하고 있는 반면, 베어와 아엔거(Behr & Iyengar, 1985), 그리고 맥쿠엔과 쿰스(MacKuen & Coombs, 1981) 등은 두드러지지 않은 쟁점보다 두드러진 쟁점에서 의제설정효과가 더 잘 발생한다고 주장하고 있다. 뒤에서 자세히 살펴보겠지만, 현재 이 두 주장은 어느 것이 옳다고 말할 수 없을 정도로 나름대로의 설득력을 가지고 있다.

이 연구는 상황 이론의 연구유형에 따라 두 가지 목적에 의해 진행하고자 한다. 첫째 상황 이론의 기본가정을 검증해 보는 것이며, 둘째 위에서 설명한 바와 같이 상황 이론의 적용범위를 넓혀 보려는 확장연구가 그것이다. 사실 지금까지 상황 이론에 관한 연구는 세 개의 독립변인과 두 개의 종속변인의 관계 규명에 관한 연구가 대부분이었다. 다시 말해 종속변인에 대한 독립변인의 설명력을 파악하려는 연구가 주류를 이루었다는 것이다. 그러나 이제는 여기에 그치지 않고 각 변인에 대한 세부연구가 필요한 시점이라고 여겨진다. 그루닉(1994) 자신도 이러한 확장연구가 상황 이론의 발전에 많은 기여를 하고 있다고 시사한 바 있다.

제3절 연구문제

상황 이론은 독립변인인 문제인식과 제약인식, 그리고

관여도에 따라 공중의 유형이 달라지며, 이러한 유형의 공중들은 종속변인인 정보추구 및 정보처리행동에 있어 차이를 보일 것이라고 예측하고 있다. 또한 중요한 독립변인 중의 하나인 문제인식은 매스 미디어의 영향을 받을 가능성이 높다는 것과 이러한 영향도 쟁점의 성격에 따라 달라질 수 있다는 추측이 가능하다. 따라서 다음과 같은 연구문제를 설정하였다.

첫째, 상황 이론에서 가장 적극적으로 정보를 추구하는 공중은 어떤 유형의 공중일까? 상황 이론은 쟁점에 대한 문제인식, 제약인식, 그리고 관여도에 따라 서로 다른 유형의 공중이 형성되며, 이들의 커뮤니케이션 행동도 차이를 보인다는 것이다. 그렇다면 이들 공중 중에서 다른 유형의 공중들보다 더 적극적으로 정보를 추구하는 공중이 있을 것이라는 추론이 가능하다.

둘째, 정보추구행동보다 정보처리행동을 주로 나타내는 공중은 어떤 유형의 공중일까? 첫 번째 연구문제가 적극적인 커뮤니케이션 행동인 정보주구행동을 가장 많이 보여주는 공중 유형을 밝혀내는 작업이라면 두 번째 연구문제는 이와 반대라 할 수 있다. 즉 여러 유형의 공중들 중 적극적인 커뮤니케이션 행동을 보여주는 공중이 있다면 상대적으로 소극적인 커뮤니케이션 행동을 보여주는 공중도 있을 것이라는 논리다.

셋째, 공중의 정보추구행동을 설명하는 데 가장 영향력

이 큰 독립변인은 무엇일까? 첫 번째, 두 번째 연구문제가 공중의 유형을 밝혀내는 데 초점을 둔 문제라면, 세 번째 연구문제는 공중의 정보추구행동에 영향을 미치는 세 개의 독립변인 중 가장 설명력이 높은 변인을 규명하려는 시도라 볼 수 있다. 즉 문제인식, 제약인식, 그리고 관여도는 정보추구행동에 미치는 영향력에 있어 차이가 있을 수 있다는 것이다. 또한 이러한 차이의 발견은 공중의 정보추구행동을 예측하는 데 많은 도움을 줄 것이라고 본다.

넷째, 공중의 문제인식은 매스 미디어에서 부각된 쟁점과 부각되지 않은 쟁점에 의해 차별적 영향을 받을까? 그리고 이러한 영향으로 인해 부각된 쟁점과 부각되지 않는 쟁점에 있어 공중의 정보추구행동은 차이를 보일 것인가? 의제설정이론은 매스 미디어에서 그 중요성이 강조 혹은 부각된 쟁점은 그렇지 않은 쟁점보다 공중의 문제인식에 더 많은 영향을 미친다고 예측하고 있다. 그리고 상황 이론에서 공중의 문제인식은 쟁점의 종류에 따라 영향을 받는다고 한다. 그렇다면 이러한 영향력에서 매스 미디어는 어느 정도 힘을 발휘할 것인가 하는 의문이 제기될 수 있다. 게다가 의제설정이론과 상황 이론을 결합시켜 보면, 쟁점의 송류에 따른 문제인식의 차이는 이어지는 정보추구행동에도 차별적 영향을 미칠 수 있을 것이라는 추론이 가능하다.

다섯째, 더 나아가 공중의 문제인식은 매스 미디어에서 부각된 쟁점 중에서도 쟁점의 성격에 따라 차이를 나타낼 것인가? 다시 말해 두드러진 쟁점과 두드러지지 않은 쟁점은 공중의 문제인식에 차별적 영향을 미치지 않을까? 그리고 이러한 영향으로 인해 두드러진 쟁점과 두드러지지 않은 쟁점에 있어 공중의 정보추구행동은 차이를 보이지 않을까? 만일 매스 미디어에서 부각된 쟁점이 부각되지 않은 쟁점보다 공중의 문제인식에 더 많은 영향을 미친다면, 부각된 쟁점 중 두드러진 쟁점과 두드러지지 않은 쟁점은 어느 것의 영향력이 더 클까? 하는 의문이 자연스럽게 도출된다. 또한 네 번째 연구문제와 마찬가지로 이러한 영향의 차이는 이어지는 공중의 정보추구행동에도 서로 다른 영향을 미칠 수 있을 것이라는 논리가 가능하다. 이하에서는 이러한 연구문제들을 바탕으로 상황 이론의 변인들과 선행연구를 살펴본 후 연구가설을 설정하고자 한다.

제2장 이론적 배경

제1절 공중의 개념 및 세분화

1. 공중의 개념

상황 이론에서 공중의 개념은 매우 중요하다. 그루닉은 어떤 상황 혹은 쟁점에 따라 공중의 유형이 다르게 형성될 수 있으며, 이에 따라 공중들의 커뮤니케이션 행동 즉 정보추구와 정보처리행동이 달라진다(Grunig, 1978, 1982, 1983a, 1983b; Grunig & Childers, 1988; Grunig & Disbrow, 1977; Grunig & Hunt, 1984; Grunig & Ipes, 1983; Grunig et al., 1988; Grunig & Repper, 1992)고 한다. 그루닉의 공중에 대한 인식은 군중(crowd), 대중(mass) 등의 개념과는 구별된다.

군중은 일정한 장소를 점유하고 있는 조직화되어 있지 않은 인간의 집합체이다. 또한 그 구성원들은 공통의 관심 대상이 있는데, 집단의 모임이 일시적이어서 공통의 관심 대상이 없어지면 자연 소멸된다(Lasswell & Kaplan, 1950).

대중(mass)이란 개념은 산업혁명 이후, 여러 가지 사회 변동을 경험하면서 19세기말에 이르러 형성된 '대중사회'

라는 개념과 맥을 같이 하고 있다. 브룸과 셀즈닉(Broom & Selznick, 1958)에 의하면 대중사회란 1) 개인들이 심리적으로 서로 고립되어 있고, 2) 개인들 간의 상호작용에서는 비인간성이 팽배해 있으며, 3) 사회구성원들은 비공식적인 사회적 책임감으로부터 비교적 해방되어 있는 사회라고 한다.

이러한 대중사회의 개념을 바탕으로 불루머(Blumer, 1966)는 대중의 속성으로 이질성, 익명성, 상호고립성, 그리고 비조직성을 들었다. 이와는 달리 그는 공중을 1) 쟁점에 직면해 있고, 2) 그 쟁점을 대응하는 방법에 있어 서로의 생각이 분리되어 있으며, 3) 그 쟁점에 관한 토론에 참여하는 사람들의 집단이라고 하였다. 그리고 그는 여론 조사자들이 공중의 의견(public opinion)보다는 대중의 의견(mass opinion)을 측정하고 있다고 주장했다. 그의 이러한 주장은 대중과 공중의 차이점을 가장 잘 나타내는 말이라고 할 수 있다. 불루머(1966)에 의하면 대중은 이질적이고 공중은 농질적이다. 개인들이 대중을 구성하는 이유는 그들이 어떤 공통점을 갖고 있기 때문이 아니라 모두 동일한 매스미디어를 이용하거나 혹은 동일한 지역에 우연히 같이 살고 있기 때문이다. 이에 반해 공중들은 어떤 공통점을 갖고 있다. 즉 그들은 동일한 문제나 쟁점에 의해 영향을 받고 있는 것이다.

한편 듀이(Dewey, 1927)도 불루머(1966)와 거의 유사한 방식으로 공중을 정의한 바 있다. 그는 공중을 1) 유사한 문제에 직면해 있고, 2) 그 문제가 존재하고 있다는 것을 인식하고 있으며, 3) 그 문제에 관한 무엇인가를 하기 위해 조직된 사람들의 집단이라고 하였다.

그루닉은 듀이(1927)의 공중에 관한 이 세 가지 조건을 토대로 공중을 다음과 같이 네 가지로 세분화하고 있다 (Grunig, 1978; Grunig & Hunt, 1984, Grunig & Repper, 1992). 첫째, 만일 위의 세 가지 조건 가운데 어느 한 가지라도 적용될 수 없는 집단이 있다면 그것은 '비공중 (nonpublic)'이라는 것이다. 따라서 조직과 비공중 사이에는 서로 영향을 미칠 수 있는 문제나 쟁점이 존재하지 않는다. 조직이 이러한 비공중을 상대로 커뮤니케이트를 시도한다면 조직으로서는 비용과 인력의 낭비라고 한다. 둘째, 사람들이 조직의 영향으로 야기된 어떤 동일한 문제에 직면해 있으면서도 그 문제를 알아채지 못한다면 '잠재적 공중(latent public)'을 형성한다. 세 번째 유형의 공중은, 그들이 직면한 문제가 무엇인지 아는 '자각적 공중(aware public)'이다. 마지막으로 공중이 문제에 관하여 토론하고 무슨 일인가 하기 위해 조직화한다면 '활동적 공중(active public)'이 된다. 이 네 가지의 공중들은 조직의 영향에 대처하기 위해 적극적으로 행동에 참여하는 정도가 다르다. 만일 PR관리자들이 자신이 다루어야 할 공중이 어떤 종류의 공중에 속하는지 확인할 수 없다면 그 공중에 적절한 PR전략을 수립할 수 없을 것이다.

한편 할라한(Hallahan, 2000a, 2001)은 그루닉의 이러한 분류를 바탕으로 공중을 더 세분화하고 있다. 그는 지식과 관여도를 기준으로 공중을 나누고 있다. 우선 어떤 쟁점이나 문제에 대한 지식수준 및 관여도가 모두 낮은 사람들을 '비활동적 공중(inactive publics)'이라고 하며, 지식수준은 낮으나 관여도가 높은 사람들을 '각성적 공중(aroused publics)'이라고 부르고 있다. 또한 관여도는 낮으나 지식수준이 높은 사람들을 '자각적 공중(aware publics)', 지식수준과 관여도가 모두 높은 사람들을 '활동적 공중(active publics)'으로 구분하고 있다. 마지막으로 어떤 쟁점이나 문제에 대해 관여도 되어 있지 않고 그에 대한 아무런 지식도 없는 사람들을 '비공중(nonpublics)'이라고 부른다.

할라한(2000a, 2001)의 이러한 분류는 기본적으로 듀이(1927)와 그루닉의 분류를 기초로 하고 있으나 어떤 쟁점이나 문제에 대한 지식과 관여의 정도에 따라 공중을 구분하고 있다는 점이 독특하다고 볼 수 있다. 그는 공중의 지식과 관여도에 따라 공중 행동의 적극성이 달라진다는 점을 시사하고 있다. 그래서 할라한(2000a)은 공중을 "조직과 관계를 맺고 있으며, 적극성과 소극성의 정도에 있어 다양하고, 조직과의 관계에 관하여 타인들과 상호작용을 할지도, 혹은 하지 않을지도 모르는 사람들의 집단"(p.502)이라고 정의하고 있다. 또한 그루닉이 분류한 공중의 유형 중 하나인 잠재적 공중을 비활동적 공중과 각성적 공중으로 더 세분화하고 있다. 그는 그루닉이 말하는 잠재성(latency)이란 개념을 '상태(state)'라기보다는 위에서 분류한 어떤 유형의 공중에서도 발견될 수 있는 하나의 '속성(trait)'으로 파악하고 있는 것이다. 따라서 각성적 공중이나 자각적 공중으로 분류된 사람들도 지식과 관여의 정도에 따라 얼마든지 활동적 공중으로 진전될 잠재성을 가지고 있는 것이다. 그러나 할라한(2000a, 2001)의 이러한 분류 내지 공중에 관한 이론은 아직 이에 대한 실증연구가 부족하여 이론으로서의 타당성을 가지기 위해서는 시간을 두고 지켜보아야 할 것으로 보인다.

그루닉과 헌트(Grunig & Hunt, 1984)는 공중의 특징으로 다음과 같은 점을 들고 있다. 우선 공중을 뜻하는 'public'은 단순히 '사적(private)'의 반대말이 아니라는 것이다. 따라서 그는 공중을 일단의 사람들을 지칭하는 군중이나 대중과 구별하여 사용하고 있다. 둘째, 공중은 수용자(audience)와도 다른 개념이다. 매스 커뮤니케이션에서 말하는 수용자라 함은 신문, 잡지, 라디오, TV 등의 소비자라고 할 수 있다.[2] 셋째, 공중은 고용인, 소비자, 혹은 지역사회의 구성원과 같은 집단과도 구별된다. 이

---

2) 이렇게 그루닉은 수용자의 개념을 매스 미디어 내용을 소비하는 집단으로 규정하고 있어, 앞서 언급한 모핏(1994)이 정의한 수용자 개념-즉 공중을 포함하는 보다 넓은 시각-과는 차이를 보이고 있다.

들은 공중이 될 수도 있고, 되지 않을 수도 있다. 넷째, 공중은 연령, 성별, 인종, 주거지 등과 같은 공통된 인구통계학적 특성을 가지고 있다고 생각하기 쉽다. 예를 들어 공중을 노인, 여성, 혹은 도시 거주자 등과 같은 단일 공중으로 간주하는 경향이 있는데, 이 또한 공중을 포함할 수도 있고 혹은 전혀 포함하지 않을 수도 있다. 다섯째, 일반공중이란 없다. 공중이란 항상 특수하며, 어떤 공통된 문제를 둘러싸고 형성되기 때문에 일반적일 수 없다. 따라서 조직의 입장에서도 효율적인 PR프로그램을 실행하기 위해서는 일반공중이 아닌 '목표공중'이라고 불리는 특별하게 정의된 집단이 필요하다(Cutlip, Center, & Broom, 1994). 마지막으로 공중은 변하지 않고 계속 존재하는 것이 아니다. 공중은 있다가도 없을 수도 있다. 오늘 형성된 공중이 내일은 공중이 아닐 수도 있고 다른 공중으로 대치될 수도 있다.

한마디로 그루닉이 말하는 공중의 개념은 기본적으로 군숭, 대중, 매스 미디어의 수용자 등과는 구별되는 개념이다. 또한 공중은 어떤 공통된 인구사회학적 특성을 공유하고 있어 그러한 특성에 따라 이루어지는 집단이 아니라 어떤 쟁점 혹은 상황을 중심으로 형성되는 '쟁점(상황)의존적 집단'이라고 할 수 있다.

2. 공중의 세분화

PR영역에서 공중의 세분화에 관해 개발된 이론은 거의 없을 뿐만 아니라, 있다 하더라도 그에 관해 충분히 검증된 이론은 찾아보기 힘들다(Grunig & Repper, 1992). 따라서 그루닉의 상황 이론은 그동안 광범위하게 연구되어 온 보기 드문 세분화이론이라고 볼 수 있다. 그런데 세분화이론은 마케팅 분야에서는 오래 전부터 개발되어 여러 상황에서 적용되어져 왔다. 따라서 PR영역에서 공중세분화는 마케팅에서의 시장세분화를 빌려와 사용하고 있다고 볼 수 있다. PR영역에서 세분화의 대상인 공중과 상응하는 개념이 마케팅영역에서는 시장이다.

공중과 시장은 세분화의 대상이 된다는 점에서는 유사하지만, 조직의 '선택의 자유(freedom of choice)'라는 측면에서는 중요한 차이점이 존재한다(Grunig & Repper, 1992). 조직은 자사의 목표와 능력에 따라 가장 적합한 시장을 선택할 수 있다. 만일 조직의 능력과 목표에 맞지 않는 세분시장들이 있다면 이런 시장들은 선택하지 않으면 된다(Bonoma & Shapiro, 1983). 그러나 공중에 관한 한 조직은 이러한 선택의 자유를 누리지 못할 수도 있다. 시장과 공중은 일치하지 않는 경우가 많기 때문이다.

예컨대, 청량음료의 주 소비자층(세분시장)이 청소년이라 할지라도 만일 제품에 문제가 생기게 되면, 이에 반응하는 사람들은 반드시 10-20대 청소년에만 국한되지 않는다. 이들의 부모들 및 시민단체, 심지어 언론이나 정부까지도 조직이 상대해야하는 공중들로 부상하게 될 것이다. 이러한 공중들은 문제가 되는 제품을 생산해 낸 조직에 대해 큰 영향력을 행사할 수 있다. 이들은 조직에 관한 정보를 획득하고, 조직의 잘못에 대해 개선책을 추구하고, 조직에 압력을 가하며, 때로는 정부에다 그 조직에 대해 제재를 가하도록 요구를 하기도 한다.

공중과 시장은 이렇게 중요한 차이가 있지만, 세분화의 원리는 유사하다. 사실 세분화 개념은 마케팅에서 지금까지 어떤 개념보다도 가장 영향력이 있으며, 매력적인 개념으로 취급되어 왔다(Lunn, 1986). 그린, 캐롤, 그리고 골드버그(Green, Carroll, & Goldberg, 1981)도 "지금까지 대부분의 마케터들의 마음을 사로잡은 개념들이 뭐냐고 묻는다면, 그것은 분명히 제품 포지셔닝(positioning)과 시장세분화 일 것이다."(p.17)라고 언급하였다.

그렇다면 세분화의 기본 원리는 무엇일까? 시장 세분화의 기본 개념은 간단하다. 즉 전체시장 중에서 서로 간에 더 가까운 구성원들을 찾아 타 구성원들과 구별되게 이들을 나누어 묶는 것이다(Grunig & Repper, 1992). 믹크먼(Michman, 1983)은 시장세분화를 "소비재 혹은 산업재의 대중시장을 연관된 어떤 뚜렷한 특성에 의해 규모가 작고 더욱 동질적인 하부 시장으로 쪼개는 과정"(p.127)이라고 정의하였다.

그리고 보노마와 샤피로(Bonoma & Shapiro, 1983)도 세분화란 "개별적인 소비자, 가망고객, 그리고 구매상황 등을 집단으로 결합시키는 과정, 혹은 전체 시장을 부분시장으로 나누는 과정"(p.1)이라고 하였다. 코틀러와 안드리센(Kotler & Andreasen, 1987, p.119)은 "목표 시장"을 "대중 시장"과 구별하여 설명하고 있으며, 크레븐즈(Cravens, 1982, p.167)는 세분화를 "대중" 전략이라기보다는 "틈새(niche)" 전략이라고 기술하고 있다. 러브록과 와인버그(Lovelock & Weinberg, 1984, pp.109-111)는 세분화를 "결합(aggregation)"과 반대되는 의미로 "차별화(segregation)"라고 부르고 있다. 커닝햄과 커닝햄(Cunningham & Cunningham, 1981, p.203), 그리고 럭과 페럴(Luck & Ferrell, 1985, p.191)도 시장세분화를 "비차별적 마케팅"과 대비하여 설명하고 있다.

시장세분화에 사용되는 변인들은 여러 가지가 있다. 마케팅 교과서에서 흔히 볼 수 있는 변인들로는 인구통계학적 속성, 사이코그래픽스, 가치와 라이프스타일, 지역, 소비자 행동, 제품에 대한 소비자 반응의 탄력성, 제품편익, 소비량, 그리고 구매·사용 상황 등이 있다.

코틀러와 안드리센(1987), 테일러(Taylor, 1986), 그리고 러브록과 와인버그(1984)같은 마케팅 이론가들은 세분화의 기준을 제시하고 있다. 세분화는 정의할 수 있어야 하고, 상호 배타적이며, 측정가능 해야 하며, 접근가능 해야 하고, 조직의 사명과 관련성이 있어야 하며, 커뮤니케이션

이 도달 가능해야 하며, 그리고 수익을 낼만큼 충분히 규모가 크고, 경제적으로 도움이 되어야 한다고 한다. 그런데 코틀러와 안드리센(1987)은 '차별적 반응(differential responsiveness)'이 아마도 세분화의 기준 중 가장 핵심적인 내용일 것이라고 지적하고 있다. 마케팅에서 차별적 반응이라는 용어를 사용할 때에는 일반적으로 소비자의 행동적 반응 즉, 구매, 채택, 사용 등이 전제되어 있는 경우가 많다. 다시 말해 마케터들은 각 세분시장의 소비자들은 다른 세분시장의 소비자들과 비교해서 상이한 행동적 반응을 보일 것이라고 기대하고 있는 것이다. 이것을 다른 말로 표현하면 '세분시장 내에서의 반응은 동질적이며, 각 세분시장 간에는 이질적인 반응(homogeneous within segment, but heterogeneous between segments)'을 기대하고 시장을 나누는 것이다.

PR에 있어서도 공중의 세분화는 결국 공중의 이러한 차별적 반응을 전제하고 있다. 조직에서 PR관리자들은 마케터들과 마찬가지로 어떤 유형의 공중들이 어떠한 반응을 보일 것인가에 관심을 가지지 않을 수 없다. 이러한 반응에는 공중의 인지, 태도, 행동의 변화를 가정할 수 있겠지만, 공중이 시위를 한다든지, 정부에 탄원서를 제출한다든지, 아니면 특정 제품에 대한 조직적인 구매거부 행동 등 극한 행동으로 이어지게 될 경우 공중의 유형에 따른 대응전략이 반드시 필요할 것이다. 그루닉의 상황 이론을 적용해서 말하자면, 사람들을 비공중, 잠재적 공중, 자각적 공중, 그리고 활동적 공중 등으로 분류하여, 각 유형의 공중들에 적합한 PR프로그램을 만들어 실행하여야 할 것이다. 즉 가장 적극적인 반응을 보이는 활동적 공중과 가장 소극적인 반응이 예상되는 비공중 간에는 서로 다른 PR전략이 수립되어야 할 것이다. 마찬가지로 잠재적 공중과 자각적 공중에 대해서도, 이들이 각각 자각적 공중과 활동적 공중으로 진전되는 것을 사전에 차단하는 전략도 아울러 시행되어야 할 것이다.

제2절 상황 이론

1. 상황 이론의 변인

1) 독립변인

상황 이론에서의 독립변인(상황변인)은 문제인식, 제약인식, 그리고 관여도 등 세 가지이다.3) 이중에서 문제인

---

3) 그루닉의 초기연구를 보면 독립변인은 문제인식, 제약인식, 관여도 이외에도 '준거기준(referent criterion)'이라는 변인이 더해져 네 개가 등장한다. 준거기준이란 공중의 구성원

식과 제약인식은 개인이 과연 커뮤니케이트를 할 것인지를 설명해 주는 변인이라면, 관여도는 그러한 커뮤니케이션 행동이 적극적인지 소극적인지를 설명해 주는 변인이다(Grunig & Hunt, 1984).

우선 문제인식에 대해 그루닉(1977, 1978, 1982, 1983a, 1983b)은 "개인이 어떤 상황에 있어 무엇인가 빠져있거나 결정이 안 된 상태로 남아 있다고 지각하여 하던 일을 멈추고 그 상황에 관하여 생각하게 되는 정도"라고 정의하고 있다. 다시 말해 개인이 어떤 상황이 문제가 있어 뭔가 조치를 취해야한다고 지각하는 정도를 뜻한다고 볼 수 있다. 그루닉은 이 개념을 사람들은 어떠한 상황이 자신들에게 문제가 되지 않는 한 그 상황에 관하여 생각하거나 알려고 하지 않는다는 듀이의 아이디어에서

들이 과거의 유사한 상황에서 획득한 선행지식이 있을 경우, 어떤 문제에 대한 '해결책(solution)'을 알고 있다고 믿는 정도(Grunig, 1977, 1978, 1982, 1983a, 1983b)를 만한다. 그루닉은 이러한 준거기준, 즉 상황에 대한 해결책을 가지고 있는 개인은 준거기준이 없는 사람들보다도 문제해결을 위한 정보를 덜 필요로 한다고 보았다. 그러나 실제연구에서 준거기준은 공중의 커뮤니케이션 행동을 설명하는 데 거의 기여하지 못하는 것으로 드러났다. 그루닉은 준거기준을 종속변인으로 취급하기도 하였고 독립변인, 종속변인 양쪽으로도 취급하여 그 설명력을 확인해 보았지만(예컨대, Grunig 1983b; Grunig & Ipes, 1983), 그 결과는 마찬가지였다. 대체로 1990년 이후의 논문부터는 준거기준을 제외한 세 개의 독립변인을 가지고 연구를 진행하고 있다.

도출하였다고 한다. 따라서 문제인식은 개인이 어떤 상황에 관하여 커뮤니케이트하고 정보를 추구하고자 하는 욕구를 가질 확률을 증대시킬 것이다. 사람들은 어떤 상황이 문제가 없다고 생각되면 평소에 하던 대로 습관이나 개인적인 경험에 의해 행동할 것이다. 그러나 현실에서 뭔가 잘못되어 있다는 느낌, 혹은 빠져 있다는 느낌이 들게 되면 그 상황에 관해 커뮤니케이트할 가능성이 증대될 것이다(Cutlip, Center, & Broom, 1994).

그루닉의 이러한 개념은 불확실한 상황에서 개인의 문제인식과 커뮤니케이션 행동과의 관계에 관한 연구와 밀접하게 관련되어 있다. 애트킨(Atkin, 1973)은 문제인식과 유사한 의미를 갖는 '인지적 불확실성(cognitive uncertainty)'에 관해 설명하고 있다. 인지적 불확실성이란 개인이 어떤 상황이나 환경에 대해 충분한 지식을 갖고 있지 못하다고 느낄 때 생기는 것이다. 개인은 자신이 가지고 있는 지식과 불확실한 상황을 극복하는 데 필요한 지식과의 차이가 크다고 느낄 때 정보를 얻기 위한 동기가 유발되고 정보를 찾기 위해 행동을 하게 된다. 볼로키치(Ball-Rokeach, 1973)에 의하면 사회현상을 정의(definition)하는 데 필요한 정보를 충분히 얻지 못할 경우 개인은 감정적 또는 인지적 불안감을 느낀다고 한다. 이러한 불안감을 경험할 경우 개인들은 정보 추구와 같은 커뮤니케이션 행동을 보인다는 것이다.

그루닉(1989)에 의하면 문제란 상황, 환경, 혹은 사회

시스템으로부터 야기될 수 있으며, 내적 심리적 현상인 호기심이나 이해의 부족에서 일어날 수도 있다고 한다. 그리고 문제인식은 공중 구성원이 정보를 추구하거나 처리할 가능성을 모두 증가시킨다. 예를 들어 직장을 구하려고 하는 대학 졸업생들은 자기소개서를 쓰고 직업소개 책자를 뒤적이며 인터넷에 있는 구직 게시판을 수시로 방문할 것이다. 게다가 TV나 신문광고에 주목하여 정보를 처리할 가능성도 매우 높을 것이다. 따라서 문제인식은 정보추구와 처리의 가능성을 증대시킬 뿐 아니라 정보추구와 처리 모두에 효과를 미칠 가능성을 증가시킨다 (Grunig & Hunt, 1984).

상황 이론의 두 번째 독립변인인 제약인식은 "개인이 자신의 행동을 계획하고 실행할 자유가 제한된 상황에서 제약을 지각하는 정도"(Grunig, 1977, 1978, 1982, 1983a, 1983b)를 나타낸다. 다시 말해 제약인식이란 어떤 상황에 대해 조치를 취할 수 있는 능력을 제한하는 장애가 있다고 느끼는 정도(Cutlip, Center, & Broom, 1994)인 것이다. 만일 개인이 어떤 상황에 관해 이와 같은 제약인식을 지각하고 있다면, 그 상황을 개선하는 데 도움이 되는 정보는 별 소용이 없을 것이다. 예컨대, 야생동물 보호를 위해 할 수 있는 일은 거의 없다고 느끼는 사람들은 야생동물보호협회에서 발간하는 자료에 대해 크게 필요성을 느끼지 않을 것이다.

그루닉(1983a)은 제약인식이 효능감(efficacy)과 밀접한 관련이 있다고 말하고 있다. 즉 사람들은 어떤 문제나 쟁점에 대해 자신들이 할 수 있는 일이 별로 없다고 믿고 있거나, 그 문제나 쟁점에 관한 일을 하는 데 필요한 자기 효능감(self-efficacy)이 있다고 생각하지 않는다면 커뮤니케이션을 하지 않을 것이라는 것이다(Grunig & Childers, 1988; Grunig & Repper, 1992). 자기 효능감이란 어떤 행동을 달성하고 유지하는 데 있어 내재된 어려움을 극복하는 데 필요한 자신의 능력에 대한 자신감(Maibach & Flora, 1993)을 나타내는 것이다. 쉽게 말해서 어떤 일을 수행하기 위한 자신의 능력에 대한 믿음(Bandura, 1977)을 말한다. 이 효능감은 심리학, 정치학, 그리고 경제학 등에서 개인의 행동, 투표행위, 이윤 극대화를 위한 의사결정 행위에서 중요하게 다루어지고 있는 개념이기도 하다(Grunig, 1983a).

세 번째 독립변인인 관여도는 "개인이 상황과 자신이 얼마나 관계(connection)가 있나 지각하는 정도"(Grunig, 1977, 1978, 1982, 1983a, 1983b)를 말한다. 그루닉의 관여도에 관한 이러한 개념은 크루그먼(Krugman, 1965)의 정의를 따르고 있다. 크루그먼은 관여도를 "수신자가 메시지와 자신의 생활 사이를 연결시키는 개인적 관련성 혹은 관계의 수(number)"(p.355)로 정의하고 있다. 즉 그루닉은 크루그먼과 같이 관여도를 개인이 어떤 상황과 관련된 정도로 보고 있는 것이다.

관여도는 쉐리프롸 캔트릴(Sherif & Cantrill, 1947)에 의해 처음으로 개념화된 이래 매스 커뮤니케이션 영역에서는 크루그먼에 의해 소개되었다. 크루그먼은 상대적으로 비정보적인 TV광고가 왜 성공적으로 저관여 제품을 구입 하도록 하는지 설명하기 위해 관여도의 개념을 도입하게 되었다. 그는 관여도를 미디어 효과를 좌우하는 상황적 조건(contingent condition)으로 파악하였다. 더 일반적으로 말해, 개인이 별로 관심을 기울이지 않는 영역에서 개인의 행동은 흔히 상황적 제약에 대한 직접적인 반응이지, 특별히 태도나 지식의 반영이 아니라는 것이다. 특히 관여도는 개인의 정보처리전략에서 중요한 역할을 한다고 연구되어 있다. 레이와 그의 동료들(Batra & Ray, 1984; Ray et al., 1973)의 연구에 의하면 사람들은 메시지에 대한 관여수준에 따라 정보를 처리하고 반응하는 것이 다르다고 제안하고 있다. 페티와 카치오포(Petty & Cacioppo, 1986)도 어떤 주제와 관련된 관여도는 정보처리에서 핵심적인 역할을 한다고 주장하고 있다. 이른바 '정교화 가능성 모델(ELM: elaboration likelihood model)'을 제안하면서 이들은 개인이 고관여 상황일 때에는 정보를 중심경로를 통해 공을 들여 처리하는 반면, 저관여 상황에서는 주변경로를 통해 별로 공을 들이지 않는다고 설명하고 있다.

그루닉과 칠더스(Grunig & Childers, 1988)는 다른 두 개의 독립변인과 비교해 볼 때 "관여도는 40년 넘게 커뮤니케이션 학자들의 특별한 관심사가 되어 왔다."(p.6)고 기술하고 있다. 그리고 할라한(2000a)도 관여도가 핵심적인 개념으로 커뮤니케이션 연구자들 사이에서 자리 잡고 있다고 말하고 있다. 더구나 사회심리학이나 소비자심리학에서는 관여도에 관한 연구의 필요성을 매우 강조하고 있다(Petty & Cacioppo, 1981).

2) 종속변인

이상과 같은 세 개의 독립변인에 의해 설명되는 종속변인으로 정보추구(information seeking)와 정보처리(information processing)[4]가 있다. 정보추구는 적극적 커뮤니케이션 행동(active communication behavior)이라 부를 수 있다. 적극적으로 커뮤니케이션 하는 공중들은 정보를 찾고 그 정보를 얻으면 그것을 이해하려고 노력한다고 한다. 이

---

4) 상황 이론에서의 정보처리행동은 인지심리학(cognitive psychology)에서 말하는 정보처리과정과 차이가 있다. 인지심리학에서의 정보처리과정이란 '우연적이든 의도적이든 수용자가 어떤 정보(혹은 메시지)에 노출되어 정보에 주의를 기울이고 나름대로 그 정보에 대한 신념과 태도를 형성 또는 변화시켜 이를 기억 속에 저장시키는 과정'으로 설명할 수 있다. 그러나 상황 이론에서 정보처리행동은 주로 매스 미디어에서 제공하는 어떤 메시지에 우연히 노출되어 주목하는 행위로 규정하고 있다. 쉽게 말해서 평소 우리가 가정이나 직장에서 TV나 신문 등을 보거나 읽은 행위를 일컫는 것이다. 이러한 행동은 종종 비의도적으로 발생하는 경우가 많을 것이다.

에 반해 정보처리는 수동적인 커뮤니케이션 행동(passive communication behavior)이라고 말할 수 있다. 수동적으로 커뮤니케이션 하는 공중들은 정보를 추구하지는 않고 대개 무작위적으로(randomly)―어떠한 노력을 기울이지 않고―그들에게 오는 정보를 처리하는 경향이 있다(Grunig & Hunt, 1984).

상황 이론의 이 두 가지 종속변인은 클라크와 클라인 (Clarke & Kline, 1974)의 개념에 기초하고 있다(Grunig, 1983b, 1989). 클라크와 클라인은 정보추구를 "특정한 주제에 관한 메시지를 얻기 위해 계획적으로 환경을 탐색하는 것"(p.233)으로, 그리고 정보처리는 "비계획적인 메시지의 발견으로 그 메시지를 계속적으로 처리하는 것"(p.233)이라고 정의하고 있다. 이들은 정보를 추구하느냐 혹은 정보를 처리하느냐에 따라 사람들의 커뮤니케이션 이용매체가 달라진다고 주장하고 있다.

클라크와 클라인은 정보를 추구하는 행위란 일반적으로 대인간 토론(interpersonal discussion)을 하는 행위를 포함하여 특정문제에 관한 정보를 더 많이 제공해 줄 것으로 보이는 특별한 소책자 혹은 팜플랫(booklets or pamphlets)을 이용하는 것이라고 말하고 있다. 이에 반해 정보처리 행위는 우연한 과정이며, 종종 무작위적으로 발생하는 행위로서 TV, 라디오, 그리고 신문 같은 뉴스매체에 주목하는 것이라고 설명하고 있다.

다시 말해 정보를 추구하는 사람들은 적극적으로 그 문제나 쟁점에 관해 다른 사람들과 토의를 하거나 직접 다른 매체들을 이용할 가능성이 높고, 단순히 들어오는 정보를 처리만 하는 사람들은 선택적으로 정보에 노출되고 주목할 가능성이 높다(Heath et al., 1995)고 말할 수 있을 것이다. 리건과 콜린스(Reagan & Collins, 1987)는 사람들이 개인적으로 관련이 있는 정보에 대해서는 적극적으로 정보를 추구하며, 이용 매체도 매우 다양하다는 연구결과를 내어놓았다. 응답자들은 건강에 관한 정보를 매우 활발하게 추구하였으며, 이용매체도 주요 뉴스 미디어를 포함하여 친구, 가족, 그리고 건강전문가에 이르기까지 매우 다양하였다고 한다.

일반적으로 사람들은 정보추구보다 정보처리를 하는 데 정보처리용량을 덜 할당해도 되기 때문에 정보처리에는 노력을 덜 기울인다. 따라서 처리된 정보는 추구된 정보보다 커뮤니케이션 효과가 작다(Grunig & Hunt, 1984)고 볼 수 있다.

2. 공중의 커뮤니케이션 행동 상황

그루닉의 상황 이론을 한 마디로 말하자면, 세 개의 독립변인이 두 개의 종속변인을 예측하는 이론이라고 할 수 있다. 문제인식, 제약인식, 그리고 관여도에 따라 공중의 유형이 달라질 것이며 서로 다른 유형의 공중들은 정보행동(정보추구 및 정보처리행동, 즉 커뮤니케이션 행동)의 정도에 있어 차이를 나타낼 것이라는 것이다. 이와 같이 상황적 공중은 하나의 집단이 아니라 상황, 혹은 쟁점에 따라 여러 집단으로 나뉘어 질 수 있는 것이다.

상황 이론에서 문제인식과 제약인식의 정도는 네 가지 형태의 지각된 상황을 정의하는 데 사용된다(Grunig, 1983a). 나아가 이러한 지각된 상황은 유사한 커뮤니케이션 행동을 나타내는 공중들을 확인하는 데 사용된다. 구체적으로 네 개의 행동 상황은 문제직면적 행동(problem -facing behavior), 제약된 행동(constrained behavior), 일상적 행동(routine behavior), 그리고 숙명적 행동(fatalistic behavior)으로 불린다(Grunig, 1983a; Grunig & Hunt, 1984). 이러한 상황을 표로 나타내면 다음과 같다.

<표 1> 문제인식과 제약인식에 따른 공중의
커뮤니케이션 행동

제약인식	문제인식	
	높 음	낮 음
높 음	제약된 행동 (constrained)	숙명적 행동 (fatalistic)
낮 음	문제직면적 행동 (problem-facing)	일상적 행동 (routine)

<표 1>에서 보는 바와 같이 문제직면적 행동 공중(이하 '문제직면적 공중')은 문제인식은 높고 제약인식이 낮은 행동을 보여주는 공중의 구성원들을 말한다. 이 공중의 구성원들은 어떤 쟁점이나 문제를 인식하고 있으며, 제약요인을 크게 지각하고 있지 않은 상태에 있다. 이들은 스스로의 노력에 의해 어떤 문제를 해결할 수 있다고 믿고 있기 때문에 적극적으로 정보를 추구하고 처리할 것이다. 예를 들어, 환경오염문제가 심각하다고 할 때 이 공중의 구성원들은 그 문제를 깊이 인식하고 있으며, 또한 그 문제를 해결하는 데 별로 장애를 느끼지 않는다.

　제약된 행동을 보여주는 공중(이하 '제약된 공중')은 문제인식은 높은데, 그에 따라 제약인식도 함께 높은 공중의 구성원들이다. 즉 이들은 어떤 문제를 인식하기는 했으나 그 문제에 관하여 무슨 일을 하는 데 장애도 많이 느끼고 있는 집단이다. 환경오염 문제의 경우, 이들은 환경오염 문제가 심각하다고 생각은 하고 있지만, 그것의 개선을 위해 자신들이 할 수 있는 일은 한계가 있다고 느끼는 집단이다. 문제인식은 높으나 제약인식이 낮기 때문에 문제직면적 공중보다 커뮤니케이션 행동이 적극적이지 못하다.

　일상적 행동을 나타내는 공중(이하 '일상적 공중')은 문제인식과 제약인식이 모두 낮은 공중의 집단이다. 이 집단의 구성원들은 어떤 문제에 관하여 무슨 일을 하려고 할 때 외부의 제약이 별로 없을 것이라고 생각은 하고 있지만, 문제를 제대로 인식하지 못하고 있다. 예컨대, 환경오염 문제에서 이들은 노력만 하면 환경오염 문제는 개선될 수 있다고 생각하지만, 그것이 별로 문제될 것이 없다고 생각하는 것이다. 따라서 이들의 커뮤니케이션 행동 역시 적극적이지 못하다.

마지막으로 숙명적 행동 유형의 공중(이하 '숙명적 공중')은 문제인식이 낮고 제약인식이 높은 공중의 구성원들이다. 이 집단의 구성원들은 상황이 별로 문제가 되지 않으며, 그 상황을 극복하기에는 외부적 제약이 너무 많다고 생각하고 있다. 이들은 어떤 쟁점에 관하여 좀처럼 적극적으로 커뮤니케이트 하려 하지 않으며, 또한 접하는 정보에 대해서도 처리할 가능성이 가장 낮다. '숙명적'이란 용어는 어떤 문제에 대해 아무런 걱정을 하지 않고 그 문제를 해결하기 위해 어떤 행동이나 노력도 하지 않는다는 것을 뜻한다.

<표 2> 문제인식, 제약인식, 관여도에 따른 공중 분류

	공중유형	
	고관여	저관여
문제직면적 행동 (문제인식↑, 제약인식↓)	활동적	자각적/활동적
제약된 행동 (문제인식↑, 제약인식↑)	자각적/활동적	잠재적/자각적
일상적 행동 (문제인식↓, 제약인식↓)	활동적(보강적)	비공중/잠재적
숙명적 행동 (문제인식↓, 제약인식↑)	잠재적	비공중

출처: Grunig, J., & Hunt, T. (1984). *Managing public relations.*
NY: Holt, Rinehart & Winston., p.153.
참고: ↑=높음, ↓=낮음

그루닉과 헌트(1984)는 문제인식과 제약인식을 기준으로 공중의 행동 유형을 이렇게 네 가지로 분류한 다음 관여도에 따라 다시 여덟 가지 종류의 공중들로 나누고 있다. 이러한 종류의 공중들은 그루닉이 듀이(1927)의 공중에 대한 정의를 기준으로 분류한 공중들 즉, 활동적 공중, 자각적 공중, 잠재적 공중, 그리고 비공중들이 문제인식, 제약인식, 그리고 관여도에 따라 어디에 속할 가능성이 가장 높은지 보여주고 있다.

<표 2>는 이를 요약해 놓은 표인데, 예를 들어 문제직면적 공중들이 그 문제에 대한 관여도가 높으면 활동적

공중이 될 가능성이 많으며, 반면 그 문제에 대한 관여도가 낮으면 활동적 공중이 될 수 있으나, 자각적 공중에 머무를 수도 있음을 보여 준다. 그리고 관여도가 높을 때 제약된 공중은 자각적 공중이나 활동적 공중이 될 것이다. 관여도가 낮으면 이 공중은 제약요인을 무릅쓰고 커뮤니케이트하고 싶은 동기가 적을 것이며 잠재적 공중이 되든지 자각적 공중이 될 것이다. 나머지 일상적 공중과 숙명적 공중도 이와 같은 논리에 의해 설명이 가능하다.

제3절 상황 이론 검증연구

1. 기본검증

그루닉의 상황 이론은 어떤 문제나 쟁점에 관해 문제인식, 제약인식, 그리고 관여도에 따라 상이한 유형의 공중이 형성되며, 이러한 공중들은 커뮤니케이션 행동(정보행동), 즉 정보추구행동과 정보처리행동에 있어 차이를 보일 것이라고 예측하고 있다. 그리고 많은 연구(권중록, 2000; 김인숙, 1997; 윤희중 · 차희원, 1998; Atwood & Major, 1991; Gruning, 1978, 1982, 1983a, 1983b, 1994; Grunig & Childers, 1988; Grunig & Hunt, 1984; Grunig & Ipes,

1983; Grunig et al., 1988; Hamilton, 1992; Major, 1993, 1998)에서 이러한 가정은 지지되었으며, 적용 분야에 있어서도 환경, 농업, 기업, 건강, 정치, 언론, 그리고 병원문제 등에 이르기까지 매우 다양한 상황을 포함하고 있다.

상황 이론의 기본검증이란 이론의 기본가정 혹은 예측에 의거하여 여러 상황 속에서 이에 대한 검증을 시도한 연구라 볼 수 있다. 대체로 이러한 연구들에서는 문제인식과 관여도가 높고, 제약인식이 낮은 공중일수록 더욱 적극적으로 정보를 추구할 가능성이 높다는 것이 밝혀졌다. 다시 말해 문제직면적 공중이 어떤 쟁점에 고관여되어 있을 경우 활동적 공중이 될 가능성이 높으며, 저관여 되어 있다고 하더라도 활동적 공중이 되든지, 적어도 자각적 공중이 될 가능성이 많다는 것이다.

매릴랜드(Maryland)주의 지역병원 서비스와 관련된 연구(Grunig, 1978)를 보면, 고소득층보다 저소득층이 지역병원과 관련된 문제에 관여도가 더 높았다. 이들의 문제인식 정도도 고소득층보다 더 높았는데 결과적으로 이들은 고소득층보다 정보추구에 훨씬 더 적극적인 것으로 나타났다. 역시 매릴랜드 주민을 대상으로 시행된 다른 연구(Grunig, 1982)에서도 대부분의 사람들은 노력이 조금밖에 필요하지 않는 정보처리를 더 많이 하였지만, 고관여 공중이 저관여 공중에 비해 정보추구행동을 더 많이 하는 것으로 나타났다. 애트우드와 메이저(Atwood & Major, 1991)는

1997년 홍콩반환문제와 관련하여 고관여 문제직면적 공중은 단순히 매스 미디어를 이용하는 것(정보처리)보다 대인간 커뮤니케이션(정보추구)을 더 많이 하고 있다는 것을 발견하였다. 윤희중·차희원(1998)의 연구에서도 관여도가 공중의 정보행동을 설명하는 데 가장 뛰어난 변인으로 나타났다. 특히 고관여 공중은 정보추구행동과 정보처리행동 모두 저관여 공중보다 더 큰 것으로 조사되었다.

그러나 관여도에 따른 공중의 정보추구행동에 관한 연구는 그 결과가 모두 일치하지 않고 있다. 환경문제에 관한 그루닉(1983a)의 연구결과에 따르면 문제인식이 높고 제약인식이 낮은 공중(문제직면적 공중)들은 관여도에 관계없이 적극적인 커뮤니케이션 행동을 보여주었다. 그루닉과 칠더스(1988), 그리고 김인숙(1997)의 연구에서도 관여도가 높아도 문제인식이 낮은 경우에는 적극적인 커뮤니케이션 행동을 발견하지 못하였다. 메이저(Major, 1993)도 커뮤니케이션의 가능성은 문제인식에 의해 증대된다는 것을 발견하였다. 특히 그는 문제직면적 공중의 정보추구와 처리 행동은 저관여 상황에서도 발생할 수 있다고 하여, 문제인식이 관여도보다 공중의 커뮤니케이션 행동을 설명하는 데 더 크게 작용하고 있음을 시사하고 있다.

이러한 이유에 대해 그루닉(1983a, 1994), 그리고 슬레이트 등(Slater, O'Keefe, & Kendall, 1991)은 관여도와 문제인식의 높은 상관관계 때문이라고 설명하고 있다.

즉 문제인식에 의해 대부분의 변량이 설명되어 관여도에 의한 설명분이 거의 남아 있지 않기 때문이라는 것이다.

한편 제약인식은 일반적으로 적극적인 커뮤니케이션 행동과는 부적 상관관계를 보이는 변인이다. 제약인식이 상황 이론에서 중요한 이유는 어떤 쟁점에 대해 문제인식과 관여도가 높더라도 제약인식마저 높을 경우 이어지는 커뮤니케이션 행동은 소극적인 경우가 많기 때문이다. 예를 들어, 자신이 나서서 문제해결에 큰 도움이 될 것 같지 않다는 생각(제약인식)이 지배적이면 그 문제에 관해 적극적으로 정보를 추구할 가능성은 매우 희박하다고 볼 수 있다.

앞에서 언급한 매릴랜드 지역병원 서비스 관련 연구(Grunig, 1978)에서 고소득층에 속하는 사람들은 쟁점과 관련하여 문제인식과 관여도가 높았지만, 제약인식도 함께 높았기 때문에 적극적으로 병원에 관한 정보를 추구하지 않았다. 워싱턴 주재 기자들의 정보행동에 관한 연구(Grunig, 1983b)에서도 동일한 결과가 나왔다. 어떤 쟁점에 대해 제약인식을 크게 느끼지 않는 기자 집단에서는 그 쟁점에 관해 더 조사하여 심층적인 기사로 만들 용의가 있다고 응답한 비율이 높았던 반면, 제약인식이 높은 기자 집단에서는 단순히 기자회견, 연구보고서 등 들어오는 자료에 의존하여 기사를 작성하겠다고 응답한 비율이 더 높게 나타났다.

음주운전방지 캠페인의 효과에 관한 연구(Grunig & Ipes,

1983)에서도 캠페인은 공중의 문제인식과 관여도를 증대 시킬 수 있었지만, 제약인식의 변화에는 큰 영향을 주지 못하였다. 이들은 캠페인과 관련하여 적극적으로 정보를 추구하지 않았다. 이러한 연구결과는 그 후의 연구에서도 입증이 되었다. 애트우드와 메이저(1991)의 연구에서 연구자들은 1997년 홍콩반환 문제에 대한 홍콩인들의 정치적 효율성을 제약인식으로 측정하였다. 연구결과 1997년 홍콩반환 문제에 대해 아무 것도 할 수 없다고 인식하는 공중일수록 그렇지 않은 공중에 비해 계획적으로 정보를 추구하는 경향이 낮았을 뿐만 아니라 주어진 정보를 처리하는 경향마저 낮은 것으로 나타났다. 지진의 예측에 대한 공중의 반응을 평가하는 데 상황 이론을 적용한 메이저(1998)의 연구에서도 마찬가지의 결과가 나왔다. 즉 지진이 일어났을 때 자신이 할 수 있는 일은 아무 것도 없으며, 자신의 어떠한 일도 도움이 될 것 같지가 않다는 생각을 많이 가지고 있는 사람들일수록 제약인식이 높았으며 적극적으로 정보를 추구하지도 않았다.

그러나 제약인식이 높다고 하더라도 문제인식이 높을 경우, 즉 제약된 공중들의 커뮤니케이션 행동은 적극적일 수도 있다는 연구결과도 있다. 이러한 연구들은 그 쟁점이 특히 공중들의 생존권 내지 생활권과 직접적으로 관련이 있을 경우가 대부분이다. 다시 말해 어떤 쟁점을 둘러싸고 자신들이 할 수 있는 일이 별로 없다는 생각을 하더라도 그 쟁점의 성격이 자신들의 생활 및 생존과 매우 깊은 관련이 있다고 지각될 때에는 적극적으로 정보를 추구한다는 것이다. 대기오염을 쟁점으로 한 메이저(1993)의 연구에 의하면 제약된 공중의 커뮤니케이션 행동이 적극적인 것으로 나타났는데, 메이저는 이것을 제약된 공중의 제약인식이 높다고 하더라도 이들의 문제인식이 높았기 때문이라고 설명하고 있다. 위천공단 조성으로 인한 상수원 오염 문제를 다룬 김인숙(1997)의 연구에서도 제약된 공중의 커뮤니케이션 행동이 다른 유형의 공중들에 비해 적극적인 것으로 나타났다. 김인숙은 상수원 오염 문제가 공중들에게는 생존권과 관련된 문제라고 생각되기 때문에 외부의 제약을 크게 느끼고 있다고 하더라도 문제인식이 높은 제약된 공중은 문제해결을 위해 적극적인 커뮤니케이션 행동을 보여주는 것이라고 해석하고 있다. 그루닉(1994) 역시 원자력발전소 설치문제나 중금속 오염 문제와 같이 공중으로서는 통제가 불가능하다고 하더라도 자신들의 생활이나 생존에 위협이 되는 상황인 경우에는, 그러한 상황을 극복하기 위해 개인들은 적극적인 커뮤니케이션 행동을 보여준다고 말하고 있다. 따라서 그루닉은 세 개의 독립변인 중에서 공중의 커뮤니케이션 행동에 가장 많은 영향을 미치는 것은 문제인식이라고 주장하고 있다.

2. 확장연구

앞에서 살펴 본 바와 같이 지금까지 상황 연구는 세 개의 독립변인인 문제인식, 제약인식, 그리고 관여도와 두 개의 종속변인인 정보추구와 정보처리의 관계를 규명하려는 것이 주류를 이루어 왔다(Aldoory, 2001). 다시 말해 독립변인의 종속변인에 대한 예측력을 파악하려는 연구가 대부분이었다. 그러나 이제는 독립변인과 종속변인을 추가한다든지, 차원을 분석한다든지, 혹은 독립변인에 미치는 선행요인을 밝혀 보려는 노력이 필요한 시점이라고 여겨진다. 다시 말해 상황 이론의 적용 범위를 확장하려는 시도가 이루어져야겠다는 것이다.

그런데 엄밀하게 말하자면, 이러한 의미의 확장연구는 그루닉을 비롯한 다른 연구자들에 의해 이미 오래 전부터 진행되어 오고 있었다. 지금까지 연구되어 온 확장연구의 유형은 크게 세 가지로 나누어 볼 수 있다.5) 첫째 유형은 종속변인을 추가한(addition) 연구(예컨대, 윤희중·차희원, 1998; Atwood & Major, 1991; Grunig, 1979, 1982, 1989; Grunig & Stamm, 1979; Hamilton, 1992; Heath et al., 1995; Stamm & Grunig, 1977)이다. 대체로 추가되는 변인들은 공중의 인지, 태도, 행동, 그리고 미디어 이용 행태 등이다. 앞

---

5) 확장연구의 유형은 저자가 나름대로 지금까지 상황 이론에 관한 연구결과를 토대로 분류한 것이다.

에서 제시한 기본검증연구들 중에는 단순히 기본가정만 검증한 연구도 있고, 종속변인만을 추가한 확장연구가 있으며, 그리고 기본연구와 확장연구를 함께 수행한 연구도 있다.

두 번째 유형의 확장연구는 독립변인의 차원(dimension)을 구별하여, 차원별 커뮤니케이션 효과를 분리해 내려는 시도 (예컨대, Cameron & Yang, 1991; Dorner & Coombs, 1994; Heath & Douglas, 1990)이다. 즉 관여도를 비롯한 문제인식, 제약인식 등은 그 차원에 따라 공중의 정보추구 및 처리 행동에 서로 다른 영향을 미친다는 것이다.

확장연구의 세 번째 유형은 독립변인에 영향을 미치는 선행요인(antecedent factors)에 관한 분석이다. 지금까지 선행요인에 관한 연구(예컨대, Aldoory, 2001; Hallahan, 2000b; Sha, 1999)는 극히 최근에야 이루어졌으며 연구편수도 얼마 되지 않는다. 주로 독립변인(이를테면, 관여도)에 미치는 심리학적, 혹은 사회심리학적 변인에 초점이 맞추어져 있다.

1) 종속변인의 추가

확장연구의 첫 번째 유형인 종속변인의 추가는 상황이론의 종속변인인 정보추구와 정보처리 이외에 다른 변인들을 더하여 이 변인들에 대한 독립변인들의 설명력을 예측하려는 연구이다. 추가적으로 사용된 독립변인들은 대체로 공중의 인지, 태도, 행동, 인지적 전략, 미디어 이용 행태 등이다.

먼저 인지, 태도, 행동 변인을 추가한 연구부터 살펴보도록 하겠다. 상황 이론의 기본가정은 어떤 쟁점이나 상황에 대한 공중의 문제인식이 높고 제약인식이 낮으며 관여도가 높으면, 공중들은 적극적인 커뮤니케이션 행동, 즉 정보를 추구한다는 것이다. 그루닉(1989)은 여기에 더해 "적극적으로 커뮤니케이트 하는 사람들은 훨씬 더 조직화된 인지(organized cognition)를 개발하고, 상황에 관한 어떠한 태도를 형성하게 될 가능성이 더 높으며, 상황에 관해 어떤 행동을 할 가능성이 더 높다."(p.6)고 예측하고 있다. 그루닉(1982)은 일찍이 매릴랜드 주민을 대상으로 이와 같은 가설을 검증하기 위해 실증적 연구를 수행한 바 있다. 연구결과 쟁점에 고관여된 문제직면적 공중들은 가설에서 예측한 바와 같이 쟁점을 더 조직적으로 인지하고 있었으며, 태도와 행동의 가능성이 더 높았다는 것을 확인할 수 있었다. 해밀턴(Hamilton, 1992)도 1990년 캔사스(Kansas) 주에서 행해진 주지사 선거 기간 동안 그루닉의 이러한 가설을 검증해 보았다. 연구결과 적극적인 정보추구자들 일수록 그들의 결정과 관련하여 더 큰 확실성을 보이며, 더 강한 인지를 형성하고, 더 단적인 태도를 가지고 행동할 가능성이 높게 나타났다. 구체적으로 말하자면 문제직면적 공중은 타 유형의 공중들보다 정당 소속감이 강하고, 투표

결정에 있어서 높은 확실성, 그리고 누구에게 투표할 것인지 조기에 결정할 가능성(조직적인 인지, 태도 형성 가능성)이 더 높았다. 게다가 이들의 투표하지 않을 가능성보다 투표할 가능성(행동 가능성)도 더 높게 나타났다.

스탬과 그루닉(Stamm & Grunig, 1977), 그리고 그루닉과 스탬(Grunig & Stamm, 1979)은 상황 이론이 공중의 커뮤니케이션 행동뿐만 아니라 공중의 인지적 전략을 설명할 수 있는지 알아보았다. 그런데 어떤 문제나 쟁점에 대해 공중들은 '에워싸기(hedging)'와 '쐐기박기(wedging)'라는 독특한 인지적 전략을 사용하고 있다는 것을 발견할 수 있었다. 여기서 '에워싸기'란 어떤 문제에 대한 신념을 형성할 때 양립할 수 없을 것 같은 두 가지 신념을 동시에 가지는 것을 말한다. 그리고 '쐐기박기'는 두 가지 대안적 신념 중 어느 하나는 떼어내고 다른 하나를 지지하는 전략이다. 그루닉과 스탬은 어떤 쟁점에 대한 공중의 관여도는 '에워싸기' 전략과 정적인 관계에 있을 것이라고 예측하였는데 통계적으로 유의하지 않았다. 이들은 어떤 쟁점에 관한 공중의 인지적 전략(에워싸기/쐐기박기)은 쟁점의 성격과 상황의 지각에 의해 크게 좌우된다고 결론지었다.

종속변인을 추가한 확장연구에는 관여도와 미디어 이용 행태의 관계에 관한 연구도 있다. 그루닉(1979)은 저관여 상황에서 공중들은 미디어를 소비적(consumatory)으로 이용하지만, 고관여 상황에서는 미디어를 도구적 혹은 기능적(instrumental or functional)으로 이용한다고 주장하였다. 즉 고관여 공중들은 미디어를 단순히 여가를 보내는 수단으로서가 아니라 행동의 지침이 되는 정보를 적극적으로 추구하는 중요한 수단으로 여기고 있다는 것이다.

애트우드와 메이저(1991)도 이와 유사하게 정보의 도구적 유용성(instrumental utility) 및 정보 관련성(information relevance)이란 개념을 이용하여 관여도와 이들 개념들 간의 관계에 관한 연구를 하였다. 이들은 공중의 관여도에 따라 정보의 도구적 유용성 및 관련성에 있어 차이를 보일 것이라고 가정하였다. 정보의 도구적 유용성은 외재적 유용성과 내재적 유용성으로 구분된다. 외재적 유용성은 어떤 정보가 의사 결정적 가치를 가지고 있어 문제 해결을 위해 사용될 수 있을 때 나타나는 특징이며, 내재적 유용성은 미디어 내용의 오락적 특징을 일컫는 말이다. 그리고 정보 관련성은 어떤 정보에 대해 사람들이 개인적으로 느끼는 중요성을 말한다. 가설 검증결과 대체로 정보의 외재적 유용성과 관련성은 공중의 관여도에 따라 차이를 보였다. 즉 고관여 공중은 저관여 공중보다 오락적 정보보다 문제 해결에 도움이 되는 정보, 그리고 자신에게 중요하다고 생각되는 정보를 더 많이 추구한다는 것이 확인되었다.

2) 독립변인의 차원 구분

확장연구의 두 번째 유형은 독립변인의 차원을 구분하고자 하는 시도이다. 이 유형의 연구는 첫 번째 유형인 종속변인을 추가한 연구에 비해 얼마 되지 않는다. 지금까지 발표된 연구로는 그루닉과 칠더스(1988), 헤드와 더글러스(Heath & Douglas, 1990), 캐머론과 양(Cameron & Yang, 1991), 그리고 도너와 쿰스(Dorner & Coombs, 1994) 등이 있는 정도다. 이들은 대체로 독립변인을 개인적 차원과 비개인적 차원으로 나누고 있는데, 이럴 경우 공중의 커뮤니케이션 효과는 다르게 나타날 수 있다고 주장하고 있다. 그리고 이들은 이러한 차원의 구분은 공중들을 더 세밀하게 정의해 주기 때문에 공중의 세분화에 기여하는 바가 매우 크다고 말하고 있다.

헤드와 더글러스(1990)는 공공정책에 관한 쟁점에 사람들이 반응할 때 관여도가 핵심적인 변인으로 작용한다고 주장하고 있다. 관여도가 높은 개인은 커뮤니케이트하기 위해 더 많은 노력을 기울인다. 즉 어떤 쟁점에 고관여된 개인은 저관여된 사람들보다 더 많은 독서와 TV시청을 하게 되며, 타인들과 토론도 더 많이 하게 된다는 것이다. 또한 이들은 관여도와 어떤 쟁점에 대해 개인적으로 영향을 받는 정도는 상관관계가 낮을 뿐만 아니라 통계적으로도 유의하지 않은 결과가 나왔다고 하였다. 관여도는 어떤 쟁점과 개인적으로 거리가 있다고 하더라도 이타적 혹은 일반적 관심에 의해서도 발생할 수 있다는 것이다. 이것은 관여도가 개인적 차원뿐만 아니라 비개인적 차원에서도 발생할 수 있다는 것이며, 도너와 쿰스 (1994)도 이와 유사한 주장을 하고 있다.

그루닉과 칠더스(1988)는 세 개의 독립변인은 내적·외적 차원으로 구분이 가능하다고 하였다. 여기서 내적 차원은 개인적 차원에, 외적 차원은 비개인적 차원에 해당한다고 볼 수 있다. 예를 들어 내적 관여도는 개인의 마음속에 있는 것으로, 그리고 외적 관여도는 개인의 실제 환경 속에 있는 것으로 구별하였다. 그러나 이들은 내·외적 관여도와 제약인식은 문제인식만큼 공중들의 커뮤니케이션 행동을 설명해 주지 못하고 있다는 것을 발견했다. 즉 공중의 커뮤니케이션 행동은 관여도와 제약인식보다 문제인식에 의해 예측이 더 잘된다는 것이다.

독립변인의 차원 구분과 관련하여 가장 눈에 띄는 연구는 캐머론과 양(1991)의 연구이다. 이들은 상황적 변인들의 개인적, 비개인적 차원을 개인적 거리라고 하여 이러한 차원에 따라 적극적으로 정보를 추구하는 공중과 소극적으로 정보를 처리하는 공중을 구별하고자 하였다. 여기서 개인적 거리란 "개인이 어떤 주제나 쟁점에 대해 자신에게 와 닿는다고 느끼는 정도"(p.621)라고 정의된다. 따라서 어떤 쟁점이 자신에게 가까이 와 닿을수록 개인적이 되는 것이며, 상대적으로 덜 가까울수록 비개인적이 되는 것이다. 개인적 거리는 시간의 경과에 따라 변할 수밖에 없는 연속변인 이지만 조작적 목적상 개인적 혹은 비개인적인 두 가지 상태로 나누고 있다.

이들은 다음과 같은 가정에 따라 연구를 진행하였다. 만일 게이(gay) 남성들과 나이든 여성들에게 에이즈(AIDS)가 얼마나 문제가 되는지 물어보면, 에이즈 문제에 대한 각 집단의 구성원들은 유사한 반응을 보일 것이다. 그러나 이러한 반응은 이 문제에 대한 응답자들의 개인적 차원과 사회 전체로 보았을 때에는 서로 다른 반응을 기대할 수 있다. 즉 나이든 여성들보다 게이 남성들은 개인적 차원의 문제인식에서 훨씬 높은 반응을 보일 것이고, 비개인적 차원에서는 나이든 여성들이 더 높은 반응을 보일 것이라고 기대할 수 있다. 그리고 이러한 차별적 반응은 제약인식과 관여도를 개인적 차원과 비개인적 차원으로 나누었을 경우에도 유사한 결과를 얻을 수 있을 것이라는 것이다. 연구결과 이들의 기대와 일치하는 방향으로 나타났다. 즉 에이즈는 대부분의 응답자들에게서 개인적 차원의 문제가 아니었다. 에이즈 문제에 가장 높은 문제인식과 관여 수준을 보인 공중들은 개인적 차원이 아닌 비개인적 차원에서의 공중이었으며, 이들의 정보추구행동이 가장 적극적인 것으로 나타난 것이다.

3) 선행요인 분석

확장연구의 세 번째 유형인 독립변인의 선행요인(antecedent factors)에 관한 연구 역시 차원에 관한 연구만큼이나 연구 편수가 얼마 되지 않는다. 더구나 이런 연구들도 극히 최근 에야 발표된 것이다. 앨두리(Aldoory, 2001)와 할라한(2000b) 은 관여도의 선행요인을, 그리고 샤(Sha, 1999)는 세 개의 독 립변인에 공통적으로 작용하는 선행요인에 관해 조사하였다. 우선 샤(1999)는 문화적 집단과의 동일시 즉, 문화적 정 체성에 있어서의 차이가 문제인식, 관여도, 그리고 제약인 식의 차이를 예측할 것이라는 가설을 설정하였다. 가설검 증 결과 샤는 매릴랜드 대학생들의 민족정체성은 제약인 식을 제외한 문제인식 및 관여도와 유의한 상관관계를 맺 고 있다는 것을 발견하였다. 또한 인종적·민족적 정체성 은 다른 어떤 집단보다도 아프리카계 미국인 학생들에게 서 가장 두드러졌는데, 이들은 인종폭력과 관련된 정보를 처리하고 문화적 다양성과 관련된 정보를 추구할 가능성 이 가장 높은 집단으로 나타났다.
할라한(2000b)은 조직이 PR계획을 효율적으로 수행하기 위 해서는 공중이 메시지를 처리하는 데 중요한 역할을 하는 동 기(motivation), 능력(ability), 그리고 기회(opportunity)를 신 장시켜야 한다고 주장하고 있다. 그가 말하는 동기, 능력, 기회 등은 마케팅 및 소비자 심리학에서 사용되고 있는 이른바 M-A-O 모델에 근거하고 있다. 그는 여기서 동기를 관여도와, 그리고 능력을 지식과 동의어로 사용하고 있다. 그는 맥이니스 등(MacInnis, Moorman, & Jaworski, 1991)의 논문을 인용하여 공중의 동기, 능력, 그리고 기회를 신장시킬 수 있는 요인들을 열거하고 있다. 그중에서 동기(관여도)를 신장시킬 수 있는 요인으로 매력적이고 흥미로운 메시지, 신선한 자극, 그렇게 복잡하지 않은 메시지, 그리고 정보원의 신뢰도, 매력, 수용자와의 유사성 등 많은 항목들을 포함시키고 있다.

앨두리(2001)는 집중면접방식(focus group interview)을 사용하여 건강메시지(health message)에 대한 여성들의 관여도에 미치는 요인을 분석하였다. 분석결과 여성들의 관여도는 자신의 일상생활에 대한 인식, 정보원에 대한 선호도, 자아정체성, 개인의 건강에 대한 인식, 그리고 메시지 내용에 대한 인지적 분석 등 다양한 요인에 의해 영향을 받고 있는 것으로 나타났다.

제4절 문제인식과 의제설정효과

1. 문제인식에 미치는 매스 미디어의 영향

서론에서 언급한 바와 같이 본 연구의 주요한 목적 중의 하나는 문제인식에 영향을 주는 선행요인을 밝혀보고자 하는 데 있다. 문제인식은 공중의 적극적인 커뮤니케이션 행동에 영향을 미치는 중요한 변인 중의 하나이다. 앞의 기본검증연구에서 살펴보았듯이 문제인식은 경우에 따라 관여도보다 설명력이 더 뛰어난 것으로 조사되었다 (김인숙, 1997; Grunig, 1983a, 1994; Grunig & Childers, 1988; Slater, O'Keefe, & Kendall, 1991).

그렇다면 공중의 문제인식에 영향을 주는 요인에는 어떠한 것들이 있을까? 이러한 요인에는 여러 가지가 있을 수 있다. 예를 들이 어떤 쟁점이 가지고 있는 고유한 특성(예컨대, 쟁점의 사회적 영향력), 쟁점에 대한 개인적인 경험, 대인 커뮤니케이션, 그리고 매스 미디어의 영향(Lasorsa & Wanta, 1990) 등을 생각해 볼 수 있다. 우선 쟁점은 나름대로의 고유한 특성이 있어 공중의 문제인식에 영향을 미칠 수 있다. 지금 우리 사회에 급속도로 확산되고 있는 마약 문제의 경우 대부분의 사람들은 마약과 관련이 없지만, 마약이 사회에 가져다주는 부정적인 영향력 때문에 이 문제를 크게 생각할 수 있을 것이다. 그리고 앞에서 살펴본 샤(1999)의 연구에서처럼 문제인식은 자신이 속한 집단이나 조직과의 동일시 혹은 개인의 문화적 정체성 등에 의해서도 영향을 받을 수 있다. 또한 사람들은 자신의 직접적인 경험에 의해 어떤 쟁점에 대한 문제인식이 증대될 수 있다. 가령 '결식아동'에 관한 문제에 있어 평소에는 이 문제를 크게 인식하지 못하고 있다가도 굶고 있는 어린이들의 실태를 자신이 직접 접할 기회를 가지고 난 후에는 다른 어떤 쟁점보다도 이 문제를 더 크게 인식할 수도 있다. 그리고 이러한 문제인식은 직접적인 경험이 아니더라도 주위의 친구나 친지들의 이야기를 듣고 난 후 혹은 사회봉사단체에서 주관하는 강연회 등에 참석하고 난 뒤에도 강화될 수 있다.

그런데 이러한 요인들 이외에 가장 일반적이고 보편적인 영향을 주는 요인으로 매스 미디어를 들 수 있다. 그동안 매스 미디어의 효과에 관한 연구들은 수용자의 태도변화를 밝히기 위한 것이었으며, 대부분의 연구결과를 보면 매스 미디어가 이러한 영역에서 거의 효과가 없다는 점을 발견했다(Severin & Tankard, 2000). 그러나 매스 미디어는 사람들의 태도보다는 오히려 사람들이 세상을 바라보는 관점에 더 큰 영향을 준다. 다시 말해 매스 미디어는 사람들이 세상일을 지각하고 문제를 정의하는 데 있어 많은 영향을 주고 있다는 것이다. 매스 커뮤니케이션 분야에서 사람들의 지각과 문제인식에 미치는 매스 미디어의 효과를 잘 설명하고 있는 이론 중의 하나가 '의제설정효과 이론(agenda-setting effect theory)'이라고 보여 진다.

매스 미디어는 수용자 혹은 공중에 대해 의제설정기능을 가지고 있다(McCombs & Shaw, 1972). 여기서 의제설정기능이란 반복된 뉴스보도를 통해 공중의 마음에 쟁점의 중요성을 부각시키는 미디어의 능력을 말하는 것이다. 즉 매스 미디어는 공중들에게 '어떻게 생각할지(what to think)'보다는 '무엇에 관해 생각해야 하는지(what to think about)'를 전달하는 데 대단히 성공적(Cohen, 1963)이기 때문에, 공중의 현실에 대한 지각, 나아가서는 문제인식에 매스 미디어가 강한 영향력을 행사한다고 볼 수 있다.

드플루어와 볼로키치(1989)는 개인들은 매스 미디어에 의존하게 되는데, 이것은 사람들이 목적 지향적이 되어가는 경향이 있으며, 목적달성을 위해 미디어가 통제하는 자원을 필요로 하는 경우가 많기 때문이라고 주장하고 있다. 즉 개인이 그날의 중요한 문제(쟁점)에 관한 정보를 얻고자 하는 목적을 가지고 있다면, 사람들은 다양한 정보에 접근 할 수 있는 미디어에 매우 의존하게 된다는 것이다.

그루닉의 연구에서도 공중의 문제인식에 미치는 매스 미디어의 의제설정효과를 시사하는 연구들이 있다. 그루닉과 아이페스(Grunig & Ipes, 1983)의 음주운전 방지 캠페인 효과연구에서 음주운전의 문제점과 관련하여 들은 바가 무엇이냐는 질문에 단순히 개인적인 경험을 통해서 알게 된 것이 아니라, 신문기사를 읽고 그 문제와 그 문제에 대한 해결책도 아울러 알게 되었다고 응답한 사람들이 많았다는 것이다. 특히 사람들이 미디어를 도구적 혹은 기능적으로 이용하게 될 경우 미디어는 공중의 태도나 행동에 영향을 미치는 것보다 토론을 위한 쟁점의 의제를 설정해 줄 가능성이 더 높다(Grunig, 1979)고 제안하고 있다.

2. 의제설정과 쟁점의 두드러짐

1972년 맥콤과 쇼에 의해 체계적으로 연구되기 시작한 의제설정이론의 핵심적인 가정은 매스 미디어의 의제가 공중의 의제로 이전된다는 것이다. 대부분의 연구에서 이러한 가정은 지지되었지만, 그렇지 못한 경우도 있었다(Zucker, 1978). 주커(1978)는 미디어 의제와 공중의 의제 간에 상관관계가 발견되지 못한 원인을 초기연구에서의 잘못된 가정에서 찾으려고 했다. 그는 의제설정의 효과는 모든 쟁점에서 발생하는 것이 아니라는 가설을 세웠다. 즉 의제설정효과는 쟁점의 성격과 밀접한 관련을 맺고 있는데, 그는 쟁점의 '두드러짐(obtrusiveness)'이 의제설정의 발생여부를 결정짓는 중요한 요인이라고 제안하였다. 쟁점의 두드러짐이란 사람들이 쟁점에 대해 개인적으로 경험한 양(Winter, 1981)으로 정의된다. 즉 평소에 사람들이 생활을 하면서 직접 경험할 수 있는 쟁점은 '두드러진 쟁점(obtrusive issue)'이며, 그렇지 못한 쟁점은 '두드러지지 않은 쟁점(unobtrusive issue)'이라고 할 수 있다. 예를 들어, 실업, 범죄, 그리고 물가문제처럼 공중들이 직접 경험하는 문제가 바로 두드러진 쟁점이다. 반면에 정치인의 부패, 국제문제처럼 공중이 직접적으로 경험하지 못하는 문제는 두드러지지 않은 쟁점이다(Demers, Craff, Choi, & Pessin, 1989).

그러면 두드러진 쟁점과 두드러지지 않은 쟁점 중 어느 것이 의제설정효과를 더 잘 유발시킬까? 다시 말해 공중들은 매스 미디어가 강조하는 쟁점 중 실업문제와 같은 두드러진 쟁점에 대해 더 큰 중요성을 부여할 것인가, 아니면 국제문제처럼 두드러지지 않은 쟁점을 더 중요하게 여길 것인가? 하는 점이다. 이 같은 문제를 둘러싸고 지금까지의 논의를 종합해 보면 크게 두 가지로 나눌 수 있다. 하나는 '두드러짐 가설(obtrusiveness hypothesis)'이며, 다른 하나는 '인지적 점화 가설(cognitive-priming hypothesis)'이다(Demers et al., 1989; Watt, Mazza, & Snyder, 1993). 두드러짐 가설은 쟁점의 두드러짐이 낮은 상황에서는 의제설정효과가 강하게 나타나지만, 쟁점의 두드러짐이 증가할수록 의제설정효과는 감소한다는 가정이다. 반면에 인지적 점화 가설은 어떤 쟁점에 대한 개인적 경험은 미디어 효과를 감소시킨다기보다는 오히려 증대시킨다는 주장이다.

두드러짐 가설의 이론적 근거는 '미디어 체제 의존 이론(media system dependency theory)'에서 찾아볼 수 있다. 이 이론은 사람들이 전체 사회체제에 대한 개인적인 경험이나 접촉이 적을수록 매스미디어 메시지에 대한 의존성이 더 커진다(Ball-Rokeach, 1985; Ball-Rokeach & DeFleur, 1976)는 것이다. 팸그린과 클라크(Palmgreen & Clarke, 1977)는 이러한 가설을 지지한 최초의 연구자들이다. 이들은 오하이오(Ohio)주 톨레도(Toledo)주민 400명을 대상으로 지방적 쟁점보다 전국적 쟁점이 의제설정효과가 더 클 것이라는 가설을 검증하였다. 지방적 쟁점이 전국적 쟁점에 비해 의제설정효과가 상대적으로 떨어지는 이유에 대해 이들은 "지방적인 문제는 개인적으로 관찰할 수 있고, 대인커뮤니케이션의 영향력이 더 크게 작용하기 때문에 지방적 쟁점과 관련한 개인의 의제에 미치는 매스 미디어의 영향력은 감소할 수밖에 없다."(p.437)고 밝히고 있다. 주커(1978)는 8년간(1968-1976) 매스 미디어에 의해 중요하게 보도된 6개의 쟁점에 대해 의제설정효과를 조사하였다. 그는 환경오염, 약물남용, 그리고 에너지 문제는 두드러지지 않은 쟁점으로, 그리고 물가, 실업, 범죄 등은 두드러진 쟁점으로 분류하였다. 연구결과 세 개의 두드러지지 않은 쟁점에 대해서는 의제설정효과를 발견할 수 있었고, 반면 두드러진 쟁점에 대해서는 그 효과를 발견할 수 없었다. 얄(1980)은 1976년 미국 대통령 선거에서 제기된 11개의 쟁점에 대해 의제설정효과를 조사하였는데, 실업, 인플레이션, 세금 및 경제문제 등 이른바 두드러진 쟁점에 대해서는 효과를 발견하지 못했다. 그러나 환경, 인종문제, 건강, 교육, 복지, 그리고 국방 및 외교 등 그가 두드러지지 않은 쟁점으로 분류한 쟁점들에 대해서는 의제설정효과가 발견되었다. 위버와 그의 동료들 (1981)도 동일한 선거에서 쟁점별로 의제설정효과를 조사하였는데 이와 유사한 결과를 얻을 수 있었다.

한편 인지적 점화 가설은 미디어 보도는 수용자의 기존의 민감성과 상호 작용하여 쟁점에 대한 관심을 증폭시킨다고 가정(Erbring, Goldenberg, & Miller, 1980)하고 있다. 다시 말해 미디어의 쟁점에 관한 보도는 수용자들로 하여금 쟁점에 관한 중요성을 지각하도록 만드는 하나의 자극제(a trigger stimulus)로 작용한다는 것이다. 따라서 직장을 잃은 사람은 직장을 가지고 있는 사람들보다도 실업에 관한 미디어 메시지에 더 민감할 수밖에 없다(Demers et al., 1989). 두드러짐 가설은 한동안 여러 연구자들에 의해 지지를 받아 오다 인지적 점화 가설의 등장으로 도전을 받게 되었다. 다른 연구에서 두드러진 쟁점에 대해 의제설정효과를 발견하였다는 경험적 증거들이 나오기 시작했기 때문이다.

베어와 아옌거(1985), 그리고 맥쿠엔과 쿰스(1981)는 두드러진 쟁점으로 일반적으로 분류되고 있는 '인플레이션'이라는 쟁점에 대해서도 강한 의제설정효과가 일어났다는 연구결과를 발표하였다. 어브링 등(Erbring et al., 1980)도 두드러진 쟁점으로 폭넓게 인정되고 있는 '실업'에 대해서 의제설정효과를 발견하였다. 나아가 이톤(Eaton, 1989)은 '실업'과 '인플레이션' 두 쟁점 모두에 대해 의제설정효과를 확인할 수가 있었다. 더구나 스미스(Smith, 1987)는 주커(1978)가 두드러진 쟁점이라고 정의한 '범죄' 문제에서 의제설정효과가 발생하였다고 보고하였다. 데머스 등(Demers et al., 1989)은 이러한 연구결과들에 주목하여 1974년부터 1986년까지 13년간 주요 신문과 방송을 통해 보도된 주된 쟁점 5가지를 선정하여 의제설정효과를 확인하고자 하였다. 선정된 쟁점은 국제문제, 정부에 대한 불만, 에너지, 실업, 그리고 물가 등이었다. 이중 앞의 두 가지는 두드러지지 않은 쟁점으로, 그리고 에너지, 실업, 물가 등은 두드러진 쟁점으로 분류하였다. 연구결과 두드러진 쟁점보다는 두드러지지 않은 쟁점에서 미디어의 의제설정효과가 더 크게 나타날 것이라는 두드러짐 가설은 지지되지 못하였다. 그렇지만 두드러진 쟁점 세 가지 모두가 신문과 방송에서 효과를 나타낸 것은 아니어서 인지적 점화 가설이 완전하게 지지된 것도 아니었다. 그러나 연구자들은 대체로 두드러짐 가설보다는 인지적 점화 가설이 더 타당하다는 결론을 내렸다. 그 후 위트 등(Watt, Mazza, & Snyder, 1993)은 두 개의 두드러지지 않은 쟁점(이란에 관한 뉴스, 소련에 관한 뉴스)과 한 개의 두드러진 쟁점(인플레이션)의 의제설정효과를 조사하였다. 그런데 세 개의 쟁점 모두에서 의제설정효과가 발견되었다. 그러나 효과의 강도는 매우 다르게 나타났다. 가장 큰 효과는 두드러지지 않은 쟁점인 '이란 뉴스'였고, 그 다음은 두드러진 쟁점인 '인플레이션'이었으며, 두드러지지 않은 쟁점인 '소련 뉴스'는 가장 적은 효과를 나타내었다.

이상의 논의를 종합해 보면, 의제설정효과는 모든 쟁점에 걸쳐 동일하게 발생하는 것이 아니라 쟁점의 유형에 따라 달라질 수 있다는 점이다. 구체적으로 이러한 쟁점의 유형은 두드러진 쟁점과 두드러지지 않은 쟁점으로 나누어볼 수 있다. 두드러진 쟁점이란 실업이나 인플레이션 문제처럼 공중들이 직접 경험할 수 있는 쟁점이며, 두드러지지 않은 쟁점이란 국내정치문제, 국제문제 등과 같이 공중들이 직접 경험하기가 어려운 쟁점들을 말한다. 그런데 두드러짐 가설은 두드러지지 않은 쟁점이 두드러진 쟁점보다 의제설정효과가 더 강하게 일어난다는 것을, 인지적 점화 가설은 그 반대로 두드러지지 않은 쟁점보다 두드러진 쟁점에서 더 큰 효과가 나타난다는 것을 가정하고 있다. 이러한 양쪽 가설에 의한 경험적 증거는 일관되지 못한(mixed) 결과를 보여주고 있다. 연구

초기에는 두드러짐 가설이 지지를 받아오다 최근에 와서
는 인지적 점화 가설이 더 지지를 받고 있는 듯하나 이
가설을 검증한 연구가 아직 얼마 되지 않기 때문에 성급
하게 결론을 내리기가 어렵다고 볼 수 있다.

제3장 가설 설정

제1절 기본검증 가설

1. 고관여 문제직면적 공중의 정보추구행동

그루닉의 상황 이론은 어떤 쟁점이나 상황에 있어 문제 인식과 제약인식에 따라 문제직면적 공중, 제약된 공중, 일상적 공중, 그리고 숙명적 공중으로 구별하고 있다. 이 중에서 가장 적극적인 커뮤니케이션 행동을 보여주는 공중은 문제직면적 공중이다. 특히 이 유형의 공중이 어떤 쟁점에 고관여 되어 있을 때 활동적 공중이 될 가능성이 가장 높다. 지금까지 많은 연구(권중록, 2000; 김인숙, 1997; 윤희중·차희원, 1998; Atwood & Major, 1991; Gruning, 1978, 1982, 1983a, 1983b, 1994; Grunig & Childers, 1988; Grunig & Hunt, 1984; Grunig & Ipes, 1983; Grunig et al., 1988; Hamilton, 1992; Major, 1993, 1998)에서 이 유형의 공중은 타 유형의 공중들보다 가장 적극적으로 정보를 추구하는 것으로 나타났다. 이 연구에서도 선행 연구결과를 따라 다음과 같이 첫 번째 가설을 설정하였다.

가설 Ⅰ : 고관여 문제직면적 공중은 타 유형의 공중들보다
더 적극적인 정보추구행동을 보일 것이다.

2. 정보추구행동에 있어 문제인식의 설명력

그루닉을 비롯한 다른 연구자들 사이에서 공중의 정보
추구행동을 설명하는 데 가장 논란이 되어온 변인은 문
제인식과 관여도이다. 이러한 논란은 정보추구행동을 설
명하는 데 있어 문제인식과 관여도 두 변인 중 어느 변
인이 더 뛰어나냐 하는 문제로 귀착된다. 그루닉과 헌트
(1984)는 문제인식과 제약인식은 개인이 과연 커뮤니케
이트를 할 것인지를 설명해 주는 변인이라면, 관여도는
그러한 커뮤니케이션 행동이 적극적인지 소극적인지를
설명해 주는 변인이라고 하였다. 즉 문제인식이 높고 제
약인식이 낮더라도 관여도가 낮으면 적극적인 커뮤니케
이션 행동인 정보추구가 일어나기 어렵다는 것을 뜻하는
것이다. 그런데 실증연구를 보면 이러한 예측이 반드시
들어맞지 만은 않다는 것을 알 수 있다.

우선 그루닉(1978, 1982), 그리고 애트우드와 메이저
(1993) 등의 연구에서는 고관여 공중이 저관여 공중에 비
해 정보추구행동을 더 많이 하는 것으로 나타났지만, 이
럴 경우 고관여 공중들은 문제인식도 함께 높았던 것으로
나타났다. 더구나 문제인식은 그루닉(1983a), 그루닉과 칠

더스(1988), 메이저(1993), 그리고 김인숙(1997) 등의 연구에서 다른 변인들 특히 관여도에 비해 설명력이 더 뛰어난 것으로 조사되었다. 대체로 이들의 연구에서는 관여도가 높아도 문제인식이 낮은 경우에는 적극적인 커뮤니케이션 행동을 발견할 수가 없었든지, 문제인식이 높은 공중들은 관여도에 관계없이 적극적인 커뮤니케이션 행동을 보여주었다. 결국 그루닉(1994)은 그때까지의 연구결과를 종합해 본 결과 세 개의 독립변인 중에서 공중의 커뮤니케이션 행동에 가장 많은 영향을 미치는 것은 문제인식이라고 제안하였다.

가설 II : 공중의 정보추구행동에 문제인식이 관여도보다 더 많은 영향을 미칠 것이다.

3. 제약된 공중과 숙명적 공중의 정보처리행동

제약인식은 일반적으로 적극적인 커뮤니케이션 행동과는 부적 상관관계를 보이는 변인이다. 어떤 쟁점에 대해 문제인식과 관여도가 높더라도 제약인식마저 높을 경우 이어지는 커뮤니케이션 행동은 적극적이지 못한 경우가 많다. 제약인식이 높더라도 커뮤니케이션 행동이 적극적일 수가 있었는데, 이럴 경우 쟁점은 대개 공중들의 생활권 내지 생존권과 밀접한 관련을 가지고 있어 이러한 쟁점에 대한 공중의 문제인식도 매우 높은 상태였다(김인숙, 1997; Major, 1993; Grunig, 1994). 그러나 이러한 특수한 경우를 제외하면 선행연구에서 살펴보았듯이 대부분의 연구(Atwood & Major, 1991; Grunig, 1978, 1983b, Grunig & Ipes, 1983; Major, 1998)에서 제약인식이 높은 공중의 커뮤니케이션 행동은 거의 소극적이었다. 따라서 다음과 같이 가설을 설정하였다.

가설 III: 제약된 공중과 숙명적 공중들은 타 유형의 공중에 비해 정보추구행동보다 정보처리행동을 더 많이 보여 줄 것이다.

제2절 확장연구 가설

1. 문제인식에 미치는 매스 미디어의 영향

공중의 문제인식에 미치는 영향 요인에는 쟁점의 고유한 특성, 쟁점에 대한 개인적인 경험, 대인 커뮤니케이션, 그리고 매스 미디어의 영향(Lasorsa & Wanta, 1990) 등을 생각해 볼 수 있다. 이러한 요인들 중에서 가장 일반적이고 보편적인 영향을 주는 요인은 매스 미디어일 것이다.

매스 미디어는 수용자의 태도에 미치는 영향보다는 수용자가 세상을 바라보는 관점에 더 큰 영향을 준다(Severin & Tankard, 2000). 다시 말해 매스 미디어는 사람들이 세상일을 지각하고 문제를 정의하는 데 많은 영향력을 주고 있다는 것이다. 매스 미디어는 수용자 혹은 공중에 대해 '의제설정' 기능을 가지고 있다(McCombs & Shaw, 1972). 코헨(Cohen, 1963)의 주장대로 매스 미디어는 공중들에게 '어떻게 생각할지(what to think)'보다는 '무엇에 관해 생각해야 하는지(what to think about)'를 전달하는 데 대단히 성공적이다. 드플루어와 볼로키치(1989)는 개인들이 매스 미디어에 의존하게 되는 이유를 자원(resources)에 대한 통제력을 들고 있다. 즉 개인이 어떤 쟁점에 대한 정보를 필요로 할 때 다양한 정보에 접근할 수 있는 매스 미디어에 의존할 수밖에 없다는 것이다. 그루닉(1979)도 미디어의 도구적 기능과 관련하여 미디어는 공중의 태도나 행동에 영향을 미치는 것보다 토론을 위한 쟁점의 의제를 설정해 줄 가능성이 더 높다고 제안하고 있다. 또한 그루닉과 아이페스(1983)는 음주운전방지 캠페인 효과 연구에서 대부분의 응답자들이 음주운전에 관한 문제점을 신문기사를 통해서 알게 되었다고 밝히고 있다.

따라서 매스 미디어의 의제가 공중의 문제인식에 영향을 미칠 것이라는 점은 충분히 예측가능 하다고 보여 진다. 그리고 정보추구행동에 있어 문제인식의 설명력이 입증 되면 매스 미디어의 의제는 공중의 정보추구행동에도 영향을 미칠 수 있다는 논리가 가능하다. 다시 말해 매스 미디어의 의제→쟁점에 대한 문제인식→정보추구행동이라는 순차적 영향 도식이 가능하다는 것이다. 이 같은 논리에 따라 다음과 같이 가설을 설정하였다.

가설 IV-1: 공중의 문제인식은 매스 미디어에서 그 중요성이 부각되지 않은 쟁점보다 부각된 쟁점에서 더 크게 나타날 것이다.

가설 IV-2: 부각되지 않은 쟁점보다 부각된 쟁점에 있어서의 문제인식은 공중의 정보추구행동에 더 많은 영향을 미칠 것이다.

2. 의제설정과 쟁점의 두드러짐

의제설정효과와 관련하여 쟁점의 '두드러짐(obtrusiveness)'이 중요한 문제로 등장하였다. 두드러진 쟁점과 두드러지지 않은 쟁점 중 어느 것이 의제설정효과를 더 잘 유발할까? 하는 문제이다. 두드러짐 가설(obtrusiveness hypothesis)은 쟁점의 두드러짐이 낮은 상황에서는 의제설정효과가 강하게 나타나지만, 쟁점의 두드러짐이 증가할수록 의제설정효과는 감소한다는 가정이다. 반면에 인지적 점화 가설(cognitive-priming hypothesis)은 어떤 쟁점에 대한 개인적 경험은 미디어 효과를 감소시킨 다기보다는 오히려 증대시킨다는 주장이다. 팸그린과 클라크(1977), 주커(1978), 얄(1980), 그리고 위버 등(1981)의 연구는 두드러짐 가설을 지지하고 있는 반면, 베어와 아옌거(1985), 맥쿠엔과 쿰스(1981), 어브링 등(1980), 스미스(1987), 데머스 등(1989), 그리고 워트 등(1993) 등의 연구에서는 인지적 점화 가설이 지지를 받고 있다. 이렇게 양쪽 가설에 의한 경험적 연구들이 일관된 증거를 제시하지 못하고 있기 때문에 어느 쪽의 주장이 옳은지 결론을 내리기가 쉽지 않다. 그러나 이들의 연구에서 유추할 수 있는 것은 두드러진 쟁점과 두드러지지 않은 쟁점 중 어느 쪽에서 의제설정효과가 더 크게 발생하는지는 결론을 내리기가 힘들지만, 두 유형의 쟁점에서 의제설정효과의 차이는 날 것이라는 점이다.

이 같은 논의에 근거하여 가설 V-1을 설정하였다. 그리고 가설 V-2는 가설 IV-2와 동일한 논리에 의하여 설정하였다. 즉 두드러진 쟁점과 두드러지지 않은 쟁점은 공중의 문제인식에 차별적 영향을 미칠 가능성이 높으며, 이러한 차별적 문제인식은 이어지는 정보추구행동에도 서로 다른 영향을 미칠 수 있다는 것이다.

가설 V-1: 공중의 문제인식은 매스 미디어에서 그 중요성이 부각된 쟁점 중 두드러진 쟁점과 두드러지지 않은 쟁점에서 차이를 보일 것이다.

가설 Ⅴ-2: 두드러진 쟁점과 두드러지지 않은 쟁점에 있어 문제인식은 이어지는 정보추구행동에 차별적 영향을 미칠 것이다.

제4장 연구방법

제1절 쟁점선정

1. 기사분석 및 분류

쟁점을 선정하기 위하여 2001년 1월 1일부터 2002년 2월 28일까지 14개월간[6] 조선일보, 중앙일보, 동아일보 등 주요 일간지 3개와 KBS, MBC, SBS 등 3대 지상파방송의 머리기사 및 톱뉴스의 내용을 분석하였다[7]. 이 기간

---

6) 의제설정효과 연구자들은 하나의 이슈가 공중의 의식 속에 부상하는 데 걸리는 시간에 관해 관심을 가지고 연구를 진행해 왔는데, 이것을 시간지체(time lag)에 관한 문제라고 한다. 지금까지 연구결과에 의하면 한 주제가 미디어 의제에서 공중의 의제로 이동하려면 최소 2개월에서 6개월 정도의 시간이 필요하다고 한다(Stone & McCombs, 1981). 쟁점의 선정을 위한 의제설정효과 관련 논문들을 보면 기사 분석기간은 연구자의 연구 필요성에 따라 달라지고 있다는 것을 알 수 있다. 본 연구에서는 이러한 시간지체의 문제와 쟁점의 수(12개) 등을 감안하여 14개월이라는 시간적 여유를 둔 것이다.

7) 문제인식에 미치는 매스 미디어 영향력을 알아보기 위해서는 평소 공중들에게 가장 큰 영향력을 행사하는 매스 미디어의 기사를 분석할 필요가 있었다. 응답자의 인구사회학적

동안 신문의 경우 조선일보 359건, 중앙일보 355건, 그리고 동아일보는 359건, 총 1,073건이 분석되었다. 방송의 경우는 KBS, MBC, SBS가 각 424건으로 총 1,272건이 분석되었으며, 신문과 방송을 합쳐 모두 2,345건이 분석에 사용되었다.

기사 분석은 경희 대학교 석사과정에 재학 중인 4명의 대학원생들이 각 신문사 및 방송사 홈페이지 자료실에 들어가 해당 기간 동안의 기사를 검색하는 것부터 시작하였다. 이렇게 정리한 기사내용 및 제목을 정치, 경제, 사회, 문화, 국제, 기타 등의 유목에 따라 분류하였다[8]. 정치 분야는 다시 국회·여야, 남북·북한, 국방·외교, 행정·지자체 등으로, 경제 분야는 증권·부동산, 금융·보험, 취

특성에 나와 있듯이 조선, 중앙, 동아일보는 전체 구독신문의 75.1%를 점유하고 있어 이들 세 개 신문의 영향력이 가장 큰 것으로 간주하였다. TV에 있어서도 KBS, MBC, SBS 등 소위 지상파3사는 우리 방송계에서 독과점적 지위를 누리고 있어 뉴스 시청률이 가장 높을 것으로 판단하였다.

8) 기사 분류방법은 조선일보의 유목체계를 따랐다. 내용분석에서 가장 중요한 것 중의 하나는 미디어 내용을 분석하는 유목체계(category system)이다. 이 체계가 정확히 어떻게 구성되느냐 하는 것은 물론 연구하려는 주제에 따라 다르다 (유재천, 김동규 역, 1995). 여기서 중요한 점은 유목체계는 상호배타적이어야 하고 망라적이며 신뢰할 수 있어야 한다는 것이다. 본 연구에서도 유목체계의 이러한 구성요건과 속성을 가장 잘 반영하는 유목을 선정할 필요가 있었으며, 조선일보의 기사분류 유목체계가 이러한 조건을 가장 잘 충족시키고 있다고 판단하였다.

업, 정책·교역, 산업·기업 등으로, 사회 분야는 사건·사고, 검찰·법원, 교육·시험, 보험·의료, 교통·관광, 노동·복지 등의 하부유목으로 재분류하였다. 문화, 국제, 기타 분야는 기사 건수가 적어 재분류하지 않았다.

하부유목별 기사는 유사한 내용별로 함께 묶어 쟁점의 명칭을 정하였다. 예를 들어 "여·야 이용호 게이트 첨예 대치", "김홍일 의원 돈 봉투 검찰간부에 뿌렸다", "박준영 홍보처장 사임" 등 이른바 게이트 관련사건들의 쟁점 명은 '대통령 친·인척 비리(이용호, 진승현 게이트 등)' 라고 하였다. 또한 "물가상승", "4월 수출 급감", "실업자 100만 육박" 그리고 "경기냉각"등의 기사는 '경기침체(불경기, 실업문제, 물가상승)'로 정하였다.

유목별 분류작업은 저자와 모 일간지 기자가 함께 수행하였는데, 코더(coder)간 일치도를 높이고 일관성 있는 분류를 위해 작업 도중 수시로 의논을 하며 진행하였다. 그 결과 유목별 코더간 신뢰도(Holsti's intercoder reliabilities)는 최하 97.2%에서 최고 99.6%의 매우 높은 수치를 나타내었다.

2. 쟁점의 정리 및 선정

<표 3>은 쟁점별로 보도빈도가 높은 것에서부터 낮은 것으로 정리해 놓은 표이다. 표를 보면 가장 보도 빈도가 높았던 쟁점은 정치 분야의 '대통령 친·인척 비리(이

용호, 진승현 게이트 등)'로 신문에서는 92건이, 방송에서는 116건 등 모두 208건으로 나타나 있다. 그 다음으로는 경제문제인 '경기침체(불경기, 실업문제, 물가상승 등)'로 신문에서는 56건, 방송에서는 47건 등 모두 103건이 보도되었다. '기상이변(호우, 가뭄, 폭설 등)'도 102건이나 보도되었는데 신문에서는 19건에 지나지 않았으나, 방송에서는 무려 83건이나 보도되었다. 햇볕정책, 김정일 답방, 이산가족, 금강산 관광 등 이른바 '남북긴장 완화'와 관련된 쟁점은 88건(신문 29건, 방송 59건)이 보도되었다. 그리고 '9.11 미국테러 관련사건'은 신문에서 40건, 방송에서 47건 등 모두 87건이 보도되었다. 국회의원이나 장관 등 사회 지도층의 탈세, 투기, 수뢰 등 이른바 '고위 공직자 비리'는 84건(신문 57건, 방송 27건)으로 조사되었다. 미국 대통령의 북한에 대한 '악의 축' 발언과 관련한 '북미 관계 악화'보도는 69건(신문 32건, 방송 37건)으로 나타났다. 그리고 '언론사 세무조사'와 관련한 기사는 68건(신문 30건, 방송 38건)으로, '의약분업 사태'는 60건(신문 27건, 방송 33건)으로 조사되었다.

결국 이 9개의 쟁점들은 신문과 방송에서 공통적으로 보도빈도가 가장 높아 매스 미디어에서 부각되었다. 이 부각된 쟁점들의 두드러짐 여부를 판단하기 위하여 응답자 103명을 대상으로 예비조사[9]를 실시하였다. 즉 쟁점의 두드러

9) 예비조사는 경희대학교 언론정보학부에서 개설한 '현대사

짐 여부는 블러드(Blood, 1982)의 연구에서처럼 선험적(a priori) 방법이 아닌 수용자 기반(audience-based) 방법에 의하였다. 다시 말해 연구자의 추리에 의해 쟁점의 두드러짐을 임의로 결정하는 것이 아니라, 응답자들로 하여금 각 쟁점에 대해 직접적으로 경험할 수 있는 정도를 평가하게 하여 쟁점의 두드러짐 여부를 결정하였다. 측정문항은 "다음의 쟁점(이슈)들은 평소 자신이 어느 정도 직접 경험하실 수 있다고 보십니까? 적당한 곳에 ○표하여 주시기 바랍니다."로 하였고, 척도는 '전혀 경험할 수 없다'에서 '많이 경험할 수 있다'의 5점 척도로 구성하였다.

조사 결과 '대통령 친·인척 비리', '남북 긴장완화', '9·11 미국테러 사건', '고위 공직자 비리', '북미관계 악화', 그리고 '언론사 세무조사' 등의 쟁점은 직접 경험의 정도가 상대적으로 낮은 것으로 나타났다(6개 쟁점 평균 =2.25). 그러나 '경기침체', '기상이변', '의약분업 사태' 등의 쟁점은 비교적 높은 점수를 보였다(3개 쟁점 평균= 4.00). 이 두 집단들의 점수는 t 검증(paired t-test) 결과 유의한 차이를 나타내었다(t=12.86, p<.001). 따라서 앞의 6개 쟁점들은 두드러지지 않은 쟁점으로, 그리고 뒤의 세 개 쟁점들은 두드러진 쟁점으로 규정하였다. 그리고 두드러지지 않은 쟁점 중 '대통령 친·인척 비리', '9·11

회와 광고' 수강생(대학생) 80명과 사회교육원에서 개설한 '생활과 광고' 수강생(일반인) 23명을 대상으로 2002년 4월 9일 실시하였다.

미국테러 사건', '고위 공직자 비리' 등 세 개10)와 '경기침체', '기상이변', '의약분업 사태' 등 두드러진 쟁점 세 개를 본 연구의 부각된 쟁점으로 사용하기로 하였다.

또한 부각되지 않은 쟁점들로는 '환경오염(대기오염, 수질오염 등)', '재벌기업 규제완화', '공기업 민영화', '광우병 사태', '교원 정년 연장', 그리고 '일본대중가요 추가 개방' 등 6개를 선정하였다. 이 쟁점들은 저자가 앞에서 언급한 모일간지 기자와 협의한 결과 매스 미디어에서 부각되지는 않았지만11) 공중들의 관심을 끌기에 충분하다고 판단한 쟁점들이다. 결국 이 연구에서 선정된 쟁점은 모두 12개이며, 매스 미디어에서 부각된 쟁점 6개(두드러진 쟁점 세 개, 두드러지지 않은 쟁점 세 개)와 부각되지 않은 쟁점 6개로 이루어져 있다. <표 4>는 이렇게 최종적으로 선정된 쟁점을 유형별로 정리한 것이다.

---

10) 두드러지지 않은 쟁점 세 개의 선정은 신문과 방송에서 보도 빈도가 가장 높은 순서에 의하였다. 단지 '남북긴장 완화'(88회)가 '9.11 미국 테러사건'(87회)보다 보도 빈도가 조금 높은데도 불구하고 제외된 이유는 '9.11 미국 테러사건'이 국제 분야의 쟁점이기 때문이다. 즉 다양한 분야의 쟁점을 포함시키기 위한 조치였다.

11) 이 6개의 쟁점들의 각 보도빈도는 신문과 방송을 모두 합쳐 10-15회에 지나지 않는다.

<표 3> 주요 언론사 최다 보도쟁점 및 보도빈도
(2001. 1. 1~2002. 2. 28)

쟁 점	조선	중앙	동아	계	KBS	MBC	SBS	계	합계
대통령 친·인척 비리 (이용호, 진승현 게이트 등)	22	28	42	92	30	44	42	116	208
경기침체 (불경기, 물가상승, 실업문제 등)	22	14	20	56	9	23	15	47	103
기상이변 (호우, 가뭄, 폭설 등)	6	8	5	19	27	29	27	83	102
남북긴장 완화 (햇볕정책, 이산가족, 금강 산관광 등)	10	8	11	29	26	18	25	59	88
9.11 미국 테러사건	16	13	11	40	13	17	17	47	87
고위공직자 비리 (탈세, 투기, 수뢰 등)	25	12	20	57	8	15	4	27	84
북·미 관계 악화 (악의 축 발언 등)	17	4	11	32	15	9	13	37	69
언론사 세무조사	11	14	5	30	11	13	14	38	68
의약분업사태	14	6	7	27	14	10	9	33	60

<표 4> 최종 선정 쟁점

유 형	쟁 점
부각된 쟁점(6개)	대통령 친·인척 비리*
	경기침체**
	고위공직자 비리*
	기상이변**
	9.11 미국 테러사건*
	의약분업사태**
부각되지 않은 쟁점(6개)	환경오염
	재벌기업 규제완화
	공기업 민영화
	광우병 사태
	교원정년연장
	일분 대중문화 추가개방

참고: **두드러진 쟁점, *두드러지지 않은 쟁점

제2절 조작적 정의 및 측정방법

1. 독립변인

1) 문제인식

문제인식에 대해 그루닉(1977, 1978, 1982, 1983a, 1983b)은

"개인이 어떤 상황에 있어 무엇인가 빠져있거나 결정이 안 된 상태로 남아 있다고 지각하여 하던 일을 멈추고 그 상황에 관하여 생각하게 되는 정도"라고 정의하고 있다. 즉 문제인식은 어떤 문제나 쟁점의 중요성 때문에 자주 생각하게 되는 정도를 말하는 것으로 볼 수 있다. 문제인식을 측정하는 문항은 애트우드와 메이저(1991) 및 해밀턴(1992)이 그들의 연구에서 사용했던 질문 유형인 '귀하는 다음의 쟁점(문제)들이 얼마나 중요하다고 생각하십니까? 적당한 곳에 ○표하여 주시기 바랍니다.'로 하였다. 그리고 이에 대한 응답은 ① 전혀 중요하지 않다 ② 거의 중요하지 않다 ③ 약간 중요하다 ④ 많이 중요하다 등 4점 척도[12]로 구성하였다.

---

12) 문제인식, 제약인식, 그리고 관여도 측정에 있어 홀수척도 (5점, 7점 등)가 아닌 짝수척도(4점 척도)를 사용하는 이유는 측정점수의 높고 낮은 정도에 따라 공중의 유형을 분류할 때 홀수척도를 사용할 경우 중간점 응답자를 처리할 수 없기 때문이다. 다시 말해 문제인식, 제약인식, 그리고 관여도의 높고 낮음에 따라 공중의 유형을 결정하는데, 바로 여기서 5점 혹은 7점 척도를 사용할 경우 중간점에 응답한 응답자의 경우 어느 곳에도 분류를 할 수 없게 된다. 따라서 응답자들을 독립변인의 높고 낮음의 정도에 따라 강제로 배치하기 위해서는 불가피하게 4점 척도를 사용할 수밖에 없다는 것이다. 그루닉의 상황 이론을 적용한 선행연구들을 보면 대체로 이와 같이 4점 척도를 사용하고 있다.

2) 제약인식

제약인식은 "개인이 자신의 행동을 계획하고 실행할 자유가 제한된 상황에서 제약을 지각하는 정도"(Grunig, 1977, 1978, 1982, 1983a, 1983b)를 나타낸다. 즉 제약인식은 사람들이 어떤 문제에 대해 아무 것도 할 수 없다고 느끼는 정도이다. 제약인식을 측정하는 문항은 그루닉이 자신의 연구에서 사용해온 문항이 적절한 것으로 판단하여 그대로 사용하기로 하였다. 구체적인 문항은 '만일 귀하가 아래와 같은 쟁점(이슈)들을 해결하는 데 무엇인가 하고자 한다면, 당신의 노력이 어떤 변화를 이룰 것 같습니까? 적당한 곳에 ○표하여 주시기 바랍니다.' 이다. 그리고 응답항목은 ① 전혀 변화를 이루지 못할 것이다 ② 거의 변화를 이루지 못할 것이다 ③ 약간의 변화를 이룰 것이다 ④ 큰 변화를 이룰 것이다 등으로 하였다.

3) 관여도

관여도는 "개인이 상황과 자신이 얼마나 관계가 있나 지각하는 정도"(Grunig, 1977, 1978, 1982, 1983a, 1983b)를 말한다. 즉 관여도는 자신과 상황과의 관련성 정도를 뜻한다. 관여도를 측정하는 항목 역시 그루닉이 자신의 연구에서 사용해온 문항이 적절하다고 판단하여 그대로 사용하기로 하였다. 측정문항은 '아래와 같은 쟁점(이슈)들은 귀하 자신과 얼마나 관련이 있다고 생각하십니까? 적당한 곳에 ○표하여 주시기 바랍니다.'이다. 그리고 응답은 ① 전혀 관련이 없다 ② 거의 관련이 없다 ③ 약간 관련이 있다 ④ 많은 관련이 있다 등 역시 4점 척도로 구성되어 있다.

2. 종속변인

1) 정보추구행동

그루닉(1983a, 1883b)은 정보를 추구하는 행위란 일반적으로 대인간 토론(interpersonal discussion)을 하는 행위를 포함하여 특정문제에 관한 정보를 더 많이 제공해 줄 것으로 보이는 특별한 소책자 혹은 팜플랫을 이용하는 것이라고 말하고 있다. 그루닉의 이 같은 설명에 따라 정보추구행동은 '귀하는 아래와 같은 쟁점(이슈)들과 관련하여 가족들과 이야기해 보신 적이 있습니까? 적당한 곳에 ○표하여 주시기 바랍니다.', '귀하는 아래와 같은 쟁점(이슈)들과 관련하여 친구나 주위사람들과 이야기해 보신 적이 있습니까? 적당한 곳에 ○표하여 주시기 바랍니다.' 그리고 '귀하는 아래와 같은 쟁점(이슈)들과 관련하여 인터넷을 검색하거나 전문가를 찾아보신 적이 있습니까? 적당

한 곳에 O표하여 주시기 바랍니다.' 등의 세 개 문항으로
구성하였다. 응답 항목은 세 문항 공히 ① 전혀 없다 ②
거의 없다 ③ 약간 있다 ④ 많이 있다 등으로 설정하였다.

2) 정보처리행동

한편 그루닉(1983a, 1883b)은 정보처리행동을 우연한
과정이며, 종종 무작위적으로 발생하는 행위로서 TV, 라
디오, 그리고 신문 같은 뉴스매체에 주목하는 것이라고
설명하고 있다. 정보처리행동은 '귀하는 아래와 같은 쟁
점(이슈)들과 관련하여 신문, 라디오, 혹은 TV 등을 통
해 듣거나 보신 적이 있습니까? -각 미디어에 대해-
① 전혀 없다 ② 거의 없다 ③ 약간 있다 ④ 많이 있다'
등의 문항을 사용하였다.

3. 공중의 유형

공중의 유형은 독립변인들인 문제인식, 제약인식, 그리
고 관여도의 높고 낮은 정도에 따라 구분하였다. 문제인식
을 측정하는 문항에서 '① 전혀 중요하지 않다 ② 거의 중
요하지 않다'에 응답한 응답자들의 문제인식은 낮은 것으
로, '③ 약간 중요하다 ④ 많이 중요하다'에 응답한 사람들
의 문제인식은 높은 것으로 간주하였다. 관여도도 마찬가

지 방법에 의해 '① 전혀 관련이 없다 ② 거의 관련이 없다'에 표시한 응답자들의 관여도는 낮은 것으로, 그리고 '③ 약간 관련이 있다 ④ 많은 관련이 있다'에 표시한 응답자들의 관여도는 높은 것으로 정하였다. 제약인식은 이와 반대방향으로 처리하였다. 즉 '① 전혀 변화가 없을 것이다 ② 거의 변화가 없을 것이다'에 응답한 사람들의 제약인식은 높은 것으로, 그리고 '③ 약간의 변화가 있을 것이다 ④ 큰 변화가 있을 것이다'에 응답한 응답자들의 제약인식은 낮은 것으로 하였다.

공중의 유형은 각 변인들의 높고 낮은 정도의 조합에 따라 이루어졌다. 문제인식이 높고 제약인식이 낮은 응답자들은 문제직면적 공중으로 하였으며, 문제직면적 공중 가운데 관여도가 높은 사람들은 고관여 문제직면적 공중으로 정하였다. 같은 원리로 문제인식은 높으나 제약인식도 같이 높으면 제약된 공중으로, 또한 그 공중의 관여도의 정도에 따라 고관여 제약된 공중 혹은 저관여 제약된 공중으로 구분하였다. 일상적 공중과 숙명적 공중도 이와 같은 방법에 의해 정하였다. <표 5>는 이것을 정리한 표이다.

<표 5> 문제인식, 제약인식, 관여도에 따른
8가지 공중유형

	공중유형	
	고관여	저관여
문제직면적 행동 (문제인식↑, 제약인식↓)	고관여 문제직면적 공중	저관여 문제직면적 공중
제약된 행동 (문제인식↑, 제약인식↑)	고관여 제약된 공중	저관여 제약된 공중
일상적 행동 (문제인식↓, 제약인식↓)	고관여 일상적 공중	저관여 일상적 공중
숙명적 행동 (문제인식↓, 제약인식↑)	고관여 숙명적 공중	저관여 숙명적 공중

참고: ↑ = 높음, ↓ = 낮음

4. 쟁점의 유형

이 연구에서 사용된 부각된 쟁점과 부각되지 않은 쟁점, 그리고 부각된 쟁점 중에서노 두드러진 쟁점과 두드러지지 않은 쟁점의 조작화 및 구체적인 쟁점들은 본 장 제1절 쟁점선정 부분에 자세히 언급되어 있다.

5. 설문지 구성과 내용

이 연구의 설문지는 앞에서 언급한 독립변인, 종속변인

과 응답자들의 인구사회학적 변인 등 크게 3부분으로 구
성되어 있다. 독립변인은 12개의 쟁점에 대한 문제인식,
제약인식, 그리고 관여도 등을 측정하고 있으며, 종속변
인도 12개 쟁점별로 정보추구 및 정보처리를 측정하고
있다. 응답자의 인구사회학적 변인은 성별, 연령, 학력,
직업, 평소 가장 자주 이용하는 매체 등으로 이루어져 있
다. 설문지의 구체적인 내용은 <표 6>에 제시되어 있으
며, 보다 자세한 사항은 <부록 1> 응답자의 인구사회학
적 특성에 잘 나타나 있다.

<표 6> 설문지 구성 및 내용

유 형	측정변인	문항내용	문항수	측정형태
독립변인군	문제인식	중요성	쟁점 12개	4점 리커트
	제약인식	변 화	〃	〃
	관여도	관련성	〃	〃
종속변인군	정보추구	가족과 대화	〃	〃
		친구, 주위사람과 대화	〃	〃
		인터넷, 전문가와 대화	〃	〃
	정보처리	TV시청	〃	〃
		신문구독	〃	〃
		라디오청취	〃	〃
인구사회학적 변인군		성별, 연령, 학력, 직업, 이용매체, 구독신문	6개	선택형 및 기재형

제4절 표본선정 및 분석방법

1. 표본선정 및 자료수집

이 연구의 표본수집방법은 확률적 표집방법이 아닌 비확률적 표집방법을 따르고 있다. 비확률적 표집방법에 의할지라도 응답자들의 연령이 각 사회적 쟁점에 따른 공중의 유형에 많은 영향을 미칠 것으로 판단하여 특별히 응답자들의 연령을 고려한 할당표집방법(quota sampling)을 선택하였다. 특히 각 연령대 중에서 10-20대와 30대 이상의 연령 비율에 초점을 두기로 하였다. 10-20대 응답자들은 대학생을 대상으로, 그리고 30대 이상의 응답자는 학생들의 학부모 및 일반인들을 대상으로 자료를 수집하기로 하였다. 10-20대 대학생 응답자들은 경희대학교 언론정보학부에서 개설한 '현대사회와 광고' 수강생들과 한국방송광고공사(KOBACO) 광고교육원 수강생들로 하였다. 또한 30대 이상의 일반인 응답자들은 위에서 언급한 '현대사회와 광고' 수강생들의 학부모와 광고교육원 수강생 중 대학생이 아닌 직장인을 대상으로 하였다.

대학생들의 학부모 대상 설문은 학생들에게 설문지를 나누어주고 가정에서 자신의 부모님들이 직접 설문지를 작성하게 한 후 학생들이 가져오게 하는 방법을 취하였다. 광고교육원 수강생 대상 설문은 강의 시간에 진행하여 설문지를 회수하였다.

이와 같이 응답자들의 연령을 고려한 할당표집방법을 취하였지만, <부록 1> 응답자의 인구사회학적 특성에 나와 있듯이 10-20대가 전체 응답자의 64.9%를 차지하고 있어, 30대 이상 36.1%보다 다소 높은 비율을 차지하고 있다[13]. 설문은 2002년 4월 1일부터 5월 2일까지 약 4주에 걸쳐 실시되었으며, 이렇게 하여 회수된 설문지는 모두 378부였다. 여기서 불성실하게 응답하였거나 분석하기에 부적합하다고 판단되는 설문지 28부를 제외하고 총 350부가 분석에 사용되었다.

2. 분석방법

가설 Ⅰ은 공중 유형별 정보추구행동의 차이를 검증하는 것이기 때문에 쟁점별로 8개 유형의 공중(고관여 문제직면적, 저관여 문제직면적, 고관여 제약된, 저관여 제약된, 고관여 일상적, 저관여 일상적, 고관여 숙명적, 저관여 숙명적 공중)들의 정보추구행동의 평균치를 비교하는 일원변량분석(ANOVA)을 실시하였다. 이렇게 하여 쟁

---

13) 통계청에서 제공하고 있는 자료에 의하면 2000년 기준 우리나라 연령별 인구 분포를 보면 10-20대가 전체 인구(약 4천6백만 명)의 47.3%를, 그리고 30대 이상이 53.7%를 차지하고 있다(http://www.nso.go.kr/cgi-bin/sws_999.cgi 참조).

점별로 고관여 문제직면적 공중의 정보추구점수가 다른 공중들의 점수보다 더 크게 나타나는지 알아보았다.

가설 Ⅱ는 공중의 정보추구행동에 영향을 미치는 문제인식과 관여도의 설명력의 차이를 살펴보는 것이기 때문에 쟁점별로 정보추구행동을 목적변인(종속변인)으로 놓고 문제인식, 제약인식, 관여도 등을 설명변인(독립변인)으로 하는 다중회귀분석(multiple regression analysis)을 실시하였다. 회귀분석결과 문제인식과 관여도의 β(표준회귀계수)의 값을 비교하여 어느 변인의 설명력이 더 크게 작용하는지 살펴보았다.

가설 Ⅲ은 제약된 공중과 숙명적 공중이 타 유형의 공중(문제직면적 공중, 일상적 공중)에 비해 정보추구행동보다 정보처리행동을 더 많이 보여줄 것이라고 예측하고 있다. 이 가설 역시 가설 Ⅰ과 마찬가지로 일원변량분석(ANOVA)을 실시하였다. 즉 쟁점별로 정보처리행동 평균치와 정보추구행동 평균치의 차이를 산출하여 제약된 공중과 숙명적 공중이 문제직면적 공중이나 일상적 공중에 비해 이 차이가 크게 나타나는지 알아보았다.

가설 Ⅳ-1은 매스 미디어에서 부각된 쟁점과 부각되지 않은 쟁점의 문제인식은 부각된 쟁점에서 더 크게 나타날 것으로 예측하고 있다. 이를 검증하기 위해 부각된 쟁점(6개)의 문제인식 평균치와 부각되지 않은 쟁점(6개)의 문제인식 평균치를 비교하는 t 검증(paired t-test)을 실시하였다. 또한 가설 Ⅳ-2는 부각된 쟁점에 대한 문제인식은 부각되지 않은 쟁점의 문제인식보다 공중의 정보추구행동에 더 큰 영향을 미칠 것으로 보고 있다. 따라서 다중회귀분석에 의해 부각된 쟁점들의 정보추구에 미치는 문제인식의 설명력(β)과 부각되지 않은 쟁점들의 정보추구에 미치는 문제인식의 설명력(β)을 비교하였다.

가설 Ⅴ-1은 부각된 쟁점 중 두드러진 쟁점과 두드러지지 않은 쟁점에서 공중의 문제인식은 차이를 나타낼 것으로 보고 있다. 또한 가설 Ⅴ-2는 두드러진 쟁점과 두드러지지 않은 쟁점에 있어 문제인식은 정보추구행동에 차별적 영향을 미칠 것이라고 예측하고 있다. 이 가설들은 쟁점의 유형만 다를 뿐 분석방법은 가설 Ⅳ-1 및 가설 Ⅳ-2와 동일하기 때문에 역시 t 검증(paired t-test)과 다중회귀분석을 실시하였다.

제5장 연구결과

제1절 인구사회학적 특성

응답자들의 인구사회학적 특성을 살펴보면, 우선 성별에 있어 여성(54.6%)이 남성(45.1%)보다 다소 많은 것으로 나타나 있다. 연령에 있어서는 20-29세(54.3%)가 가장 많으며 30-39세(16.6%)가 그 다음을 차지하고 있고, 40-49세 12.6%, 18-19세 10.6%, 그리고 50세 이상이 6.0%의 순서로 나타나 있다. 응답자들의 학력은 대학재학 혹은 졸업이 79.1%로 가장 높은 비율을 나타내고 있다. 직업은 학생(49.1%)의 비율이 가장 높으며, 전문직(22.3%), 사무직(9.7%)의 순으로 되어 있다. 평소 가장 자주 이용하는 매체는 TV(40.6%)이며, 다음이 인터넷(29.1%), 그리고 신문(24.3%)이 그 다음으로 조사되었다. 마지막으로 평소 가장 자주 보는 신문은 조선(29.7%), 중앙(27.7%), 그리고 동아(17.7%)의 순으로 조사되었다. 자세한 사항은 <부록 1> 응답자의 인구사회학적 특성에 잘 나타나 있다.

제2절 종속변인의 신뢰도 검증

　<표 7>을 보면 정보추구행동 세 개 문항의 신뢰도 계수(a)와 문항 제외 시 신뢰도 계수(a), 제외문항 등이 나와 있다. 표에 의하면 대부분의 쟁점에서 신뢰도 계수가 .60을 넘어서고 있다. 일반적으로 a 계수가 .60 이상이면 신뢰성이 있다고 보기 때문에 종속변인의 신뢰도는 별 문제가 없다고 할 수 있다(노형진·정한열, 2001).

　다만 '환경오염', '경기침체', '일본대중문화 추가개방' 등의 쟁점들은 신뢰도 계수가 .55, .54, .51 등으로 조금 낮은 수치를 보이고 있다. 그런데 이 쟁점들은 해당 문항을 제외하면 모두 .60을 넘어서고 있다. 또한 '광우병 사태', '고위공직자 비리', '기상이변' 등의 쟁점들은 .60 이상으로 나와 있을 뿐만 아니라, 해당 문항을 제외하면 신뢰도 계수가 더 향상되는 것으로 나타나 있다. 따라서 쟁점별로 특정 문항을 제외하였을 경우 신뢰도 계수가 향상되는 쟁점들은 해당 문항을 제외한 후 평균치를 산출하였다. <표 8>은 정보처리행동 변인 문항들의 신뢰도 검증결과인데, 세 번째 문항인 라디오 항목을 제외하면 전 쟁점에서 신뢰도가 향상되고 있기 때문에 이 역시 위와 같은 방법으로 평균치를 산출하였다.[14]

14) 신뢰도 향상을 위한 문항제외방식은 SPSS 결과물에서 정보

<표 7> 종속변인(정보추구행동) 신뢰도 검증결과

쟁　점	신뢰도 계수(α)	문항제외시 신뢰도 계수(α)	제외 문항
대통령 친·인척 비리	.71	-	-
환경오염	.55	.65	가족과 대화
재벌기업 규제완화	.72	-	-
공기업 민영화	.68	-	-
경기침체	.54	.62	인터넷, 전문가와 대화
광우병사태	.64	.74	〃
고위공직자 비리	.64	.68	〃
기상이변	.62	.69	〃
미국 테러사건	.69	-	-
교원정년연장	.73	-	-
의약분업사태	.65	-	-
일본 대중문화 추가개방	.51	.65	가족과 대화

추구행동의 세 개 문항들을 서로 비교하여 그중 신뢰도를 가장 많이 떨어트리는 문항을 제외하는 방법을 취하였으며, 정보처리행동도 같은 방법에 의하였다.

<표 8> 종속변인(정보처리행동) 신뢰도 검증결과

쟁 점	신뢰도 계수(α)	문항제외시 신뢰도 계수(α)	제외 문항
대통령 친·인척 비리	.62	.69	라디오 청취
환경오염	.58	.67	〃
재벌기업 규제완화	.71	.76	〃
공기업 민영화	.66	.75	〃
경기침체	.57	.71	〃
광우병사태	.74	.76	〃
고위공직자 비리	.60	.65	〃
기상이변	.63	.67	〃
미국 테러사건	.66	.75	〃
교원정년연장	.77	.79	〃
의약분업사태	.67	.73	〃
일본 대중문화 추가개방	.74	.76	〃

제3절 가설 검증 결과

1. 가설 Ⅰ의 검증

가설 Ⅰ은 고관여 문제직면적 공중은 타 유형의 공중들 보다 더 적극적인 정보추구행동을 보일 것이라고 예측하 고 있다. <표 9>는 쟁점별 공중들의 정보추구행동 평균치를 비교한 일원변량분석(ANOVA) 결과이다. 표를 보면 '재벌기업 규제완화', '공기업 민영화', '미국테러사건' 등의 쟁점에서는 고관여 문제직면적 공중의 점수가 첫 번째가 아닌 두 번째 혹은 세 번째로 나와 있다. 그러나 이들 쟁점을 제외한 나머지 9개 쟁점들에서는 고관여 문제직면적 공중의 점수가 모두 타 유형의 공중들보다 높으며, 통계적으로도 유의한 것으로 나타나 있다. 즉 고관여 문제직면적 공중은 타 유형의 공중들보다 더 적극적으로 정보를 추구한다는 것을 알 수 있다.

또한 쟁점별로 각 공중들의 정보추구행동 점수가 유의미한지 재확인하기 위해 사후검정(post hoc test)을 실시하였다. <표 9-1>은 쉐프(Scheffe) 통계량을 이용한 사후검정 결과이다. 여기서 평균차(mean difference)는 쟁점별로 가장 높은 공중의 평균치와 그 다음으로 높은 공중의 평균치의 차이를 나타내고 있다. <표 9-1>을 보면 '재벌기업 규제완화', '공기업 민영화', '기상이변', 그리고 '미국테러사건' 등의 쟁점에서만 평균차가 유의미하지 않게 나왔을 뿐 나머지 쟁점들에서는 모두 유의미한 차이를 나타내고 있다는 것을 알 수 있다[15]. 따라서 가설 Ⅰ은 지지되었다고 볼 수 있다.

---

15) <표 9-1>에는 '환경오염'과 '경기침체'가 제외되어 있다. 이것은 사후검정의 요건이 각 칸(cell)의 사례수(case)가 최소한 2 이상이어야 하는데, 이 두 쟁점들은 사례수가 2 미만인 칸을 포함하고 있기 때문이다.

2. 가설 Ⅱ의 검증

가설 Ⅱ는 공중의 정보추구행동을 설명하는 데 있어 관여도보다 문제인식이 더 크게 작용할 것이라고 예측하고 있다. <표 10>에는 쟁점별로 문제인식과 관여도의 설명력을 알아보기 위해 회귀분석한 결과가 제시되어 있다. 표를 보면 '광우병 사태'와 '의약분업 사태'는 문제인식과 관여도의 β계수는 동일하며(각 .29, .33) 통계적으로도 유의한 것으로 나타나 있다. 즉 이 두 쟁점에서 정보추구행동에 대한 문제인식과 관여도의 설명력은 같다고 볼 수 있다. '고위공직자 비리', '기상이변', 그리고 '미국 테러사건' 항목에서는 문제인식이 관여도보다 설명력이 더 높은 것으로 나타났다(각 .33>.26, .29>.21, .25>.05). 그러나 이 쟁점들을 제외한 나머지 7개 쟁점들에서는 문제인식보다 오히려 관여도의 설명력이 더 뛰어난 것으로 조사되었다. 다시 말해 몇몇 쟁점들을 제외한 대부분의 쟁점에서 공중의 정보추구행동을 설명하는데 문제인식보다 관여도의 기여도가 더 높은 것으로 나타났다. 따라서 가설 Ⅱ는 지지되었다고 볼 수 없다.

참고로 <표 10>에는 각 독립변인 간의 다중공선성 (multicollinearity)의 정도를 나타내는 공차한계치(tolerance)와 변량확대지수(VIF: variance inflation factor)가 나와 있다. <표 10>에 나타나 있듯이 공차한계(최대치 1)는 최소

.71에서 최대 .99까지 이르고 있다. 변량확대지수도 10보다 훨씬 낮은 1점대에 머물고 있다. 따라서 문제인식, 제약인식, 그리고 관여도의 다중공선성의 문제는 없는 것으로 판단할 수 있다.

<표 9> 쟁점에 대한 공중들의 정보추구행동 비교 ANOVA 결과

쟁점		문제직면적 공중		제약적 공중		일상적 공중		숙명적 공중		F
		고관여	저관여	고관여	저관여	고관여	저관여	고관여	저관여	
대통령 진·인적비리	N	42	34	31	201	2	2	4	34	10.48***
	M(SD)	2.97(.55)	2.69(.53)	2.68(.60)	2.18(.69)	2.67(1.89)	2.00(1.41)	2.33(.61)	1.98(.85)	
환경오염	N	230	19	80	15	–	1	2	3	3.55**
	M(SD)	2.83(.71)	2.74(.73)	2.57(.67)	2.10(.71)	–	2.50(.)	2.75(.35)	2.83(.76)	
제별기업 규제완화	N	36	24	52	155	5	8	9	61	10.25***
	M(SD)	2.59(.61)	2.22(.79)	2.20(.60)	1.92(.62)	2.80(.69)	1.88(.67)	2.41(.78)	1.66(.59)	
공기업 민영화	N	59	30	94	106	4	9	14	34	12.17***
	M(SD)	2.91(.60)	2.36(.72)	2.49(.67)	2.06(.65)	3.10(.79)	2.11(.44)	2.29(.60)	1.98(.69)	
경기침체	N	113	15	182	29	1	4	3	3	7.01***
	M(SD)	3.40(.60)	2.70(.96)	3.28(.71)	2.71(.63)	2.50(.)	2.38(.63)	2.50(1.32)	2.33(.29)	
광우병사태	N	50	19	109	82	3	5	27	55	15.70***
	M(SD)	3.10(.62)	2.71(.90)	2.80(.75)	2.24(.84)	2.50(1.00)	1.70(.57)	2.35(.68)	1.82(.68)	

쟁점		문제직면적 공중		제약된 공중		일상적 공중		숙명적 공중		F
		고관여	저관여	고관여	저관여	고관여	저관여	고관여	저관여	
고위공직자 비리	N	34	33	74	164	4	2	4	35	11.55***
	M(SD)	3.16(.73)	2.89(.79)	2.90(.65)	2.36(.82)	2.50(.41)	2.00(.00)	2.75(.29)	1.99(.60)	
기상이변	N	66	10	172	54	3	3	26	16	9.88***
	M(SD)	3.24(.68)	2.70(.42)	3.04(.72)	2.81(.76)	2.67(.29)	2.17(1.26)	2.52(.91)	1.81(.60)	
9.11 미국 테러사건	N	29	12	62	118	3	3	9	114	6.26***
	M(SD)	3.13(.65)	2.78(.46)	3.28(.62)	2.90(.63)	2.67(.58)	3.33(.58)	2.52(.80)	2.62(.83)	
교원 정년연장	N	30	11	35	–	67	10	44	153	19.12***
	M(SD)	2.72(.44)	2.21(.78)	2.44(.63)		1.96(.61)	2.43(.74)	2.26(.83)	1.64(.62)	
의약분업 사태	N	74	16	124	51	11	5	28	41	13.33***
	M(SD)	3.05(.55)	2.75(.83)	2.79(.65)	2.32(.55)	2.64(.57)	2.00(.85)	2.40(.69)	2.07(.68)	
일본 대중문화 추가개방	N	79	22	53	48	29	17	38	64	14.86***
	M(SD)	2.92(.68)	2.25(.70)	2.60(.84)	2.04(.78)	2.59(.74)	2.09(.87)	2.33(.63)	1.82(.70)	

참고: ***p<.001, **p<.01, N=350.

<표 9-1> 쟁점별 사후 검정 결과(1)

쟁 점	대상공중	평균차	SD
대통령 친·인척 비리	고관여 문제직면적 공중 – 저관여 문제직면적 공중	.28*	.16
재벌기업 규재 완화	고관여 일상적 공중 – 고관여 문제직면적 공중	.21	.30
공기업 민영화	고관여 일상적 공중 – 고관여 문제직면적 공중	.17	.34
광우병 사태	고관여 문제직면적 공중 – 고관여 제약된 공중	.27*	.13
고위공직자 비리	고관여 문제직면적 공중 – 고관여 제약된 공중	.26*	.15
기상이변	고관여 문제직면적 공중 – 고관여 제약된 공중	.20	.10
9.11 미국 테러 사건	저관여 일상적 공중 – 고관여 제약된 공중	.05	.41
교원 정년 연장	고관여 문제직면적 공중 – 고관여 제약된 공중	.28*	.16
의약 분업 사태	고관여 문제직면적 공중 – 고관여 제약된 공중	.26*	.09
일본대중문화 추가 개방	고관여 문제직면적 공중 – 고관여 제약된 공중	.32*	.13

참고: *p<.05

3. 가설 Ⅲ의 검증

가설 Ⅲ은 제약된 공중과 숙명적 공중들은 타 공중에

비해 정보추구행동보다 정보처리행동을 더 많이 보여줄 것으로 예측하고 있다. <표 11>은 문제직면적, 제약된, 일상적, 그리고 숙명적 공중들의 정보처리행동과 정보추구행동 평균치의 차이를 보여주고 있다. 표에 의하면 '대통령 친·인척 비리', '재벌기업 규제완화', '공기업 민영화', '고위공직자 비리', '미국테러사건', '교원정년 연장', '의약분업 사태', 그리고 '일본대중문화 추가개방' 등 8개 쟁점에서는 제약된 공중과 숙명적 공중의 점수가 문제직면적 공중이나 일상적 공중의 점수보다 더 높으며, 통계적으로도 유의하다는 것을 알 수 있다.

'환경오염'에서는 제약된 공중의 점수(.85)가 가장 높으나, 숙명적 공중의 점수(.20)는 가장 낮게 나타나 있다. '기상이변'에서는 숙명적 공중의 점수(.69)가 가장 높고 제약된 공중(.36)은 일상적 공중(.42) 다음으로 나타나 있다. '경기침체'와 '광우병 사태'에서도 이와 유사한 현상이 나타나고 있으나, 통계적으로 유의하지 못하다.

결국 대부분의 쟁점에서 제약된 공중과 숙명적 공중들은 타 유형의 공중들에 비해 정보추구행동보다 정보처리행동을 상대적으로 더 많이 하고 있는 것으로 분석되었다. 가설 Ⅲ의 결과도 가설 Ⅰ의 결과와 마찬가지로 쉐프 통계량을 이용하여 사후검정을 실시하였다. 여기서는 제약된 공중이나 숙명적 공중의 점수 중 더 높은 점수를 문제직면적 공중이나 일상적 공중의 점수 중 더 높은 점수와 비교하는 방식을 취하였다. <표 11-1>은 이와 같이 쟁점별로 대상공중들의 평균치 차이를 사후 검정한 결과이다. 표에 나타나 있듯이 처음 분석(ANOVA)에서 유의하지 못했던 '경기침체', '광우병 사태', 그리고 '의약 분업 사태'는 사후검정에서도 유의한 결과가 나오지 않았다. 또한 '환경오염', '공기업 민영화'는 처음 분석과는 달리 사후검정에서는 대상 공중 간의 차이가 유의하지 못한 것으로 나타났다. 그러나 이러한 몇몇 쟁점들을 제외하고는 처음 분석과 마찬가지로 대부분의 쟁점에서 유의한 결과가 도출되었다. 따라서 가설 Ⅲ도 지지되었다고 볼 수 있다.

<표 10> 정보추구행동에 미치는 문제인식과 관여도의
설명력(β) 회귀분석결과

쟁 점	β			R^2	공차한계 (tolerance)			VIF		
	문제 인식	제약 인식	관여도		문제 인식	제약 인식	관여도	문제 인식	제약 인식	관여도
대통령 친·인척비리	.22***	.19***	.25***	.22	.95	.74	.74	.1.05	1.34	1.35
환경오염	.12*	.12*	.18*	.08	.88	.95	.86	1.13	1.06	1.16
재벌기업 규제완화	.14**	.19***	.36***	.25	.97	.85	.84	1.03	1.18	1.20
공기업 민영화	.10*	.18***	.40***	.26	.95	.90	.88	1.06	1.17	1.37
경기침체	.22***	.10*	.34***	.22	.94	.99	.94	1.06	1.01	1.06
광우병사태	.33***	.08	.33***	.32	.83	.87	.87	1.21	1.15	1.15
고위공직자 비리	.33***	.16**	.26***	.27	.94	.88	.85	1.07	1.14	1.18
기상이변	.29***	.08	.21***	.18	.89	.95	.91	1.13	1.06	1.10
9.11 미국 테러사건	.25***	-.02	.05	.06	.86	.88	.90	1.16	1.13	1.11
교원 정년연장	.06	.14**	.48***	.33	.77	.85	.71	1.30	1.17	1.40
의약분업 사태	.29***	.17***	.29***	.27	.89	.94	.84	1.13	1.07	1.20
일본 대중문화 추가개방	.19***	.14**	.35***	.25	.93	.85	.83	1.08	1.12	1.21

참고: ***p<.001, **p<.01, *p<.05

<표 11> 유형별 공중들의 정보처리행동 및 정보추구행동
차이 비교 ANOVA 결과

쟁 점		문제직면적 공중	제약된 공중	일상적 공중	숙명적 공중	F
대통령	N	76	232	4	38	6.50***
친·인척비리	M(SD)	.83(.65)	1.21(.66)	.67(1.65)	1.18(.85)	
환경오염	N	245	95	5	5	3.15*
	M(SD)	.63(.71)	.85(.68)	.60(.22)	.20(1.04)	
재벌기업	N	60	207	13	70	4.49**
규제완화	M(SD)	.66(.69)	1.03(.67)	.31(1.40)	.97(.74)	
공기업	N	89	200	13	48	4.73**
민영화	M(SD)	.68(.69)	.89(.71)	.24(1.09)	.90(.70)	
경기침체	N	128	211	5	6	1.98
	M(SD)	.25(.66)	.43(.72)	.50(.71)	.58(.92)	
광우병사태	N	69	191	8	82	2.10
	M(SD)	.43(.62)	.67(.79)	.75(.38)	.70(.74)	
고위공직자	N	67	238	6	39	8.73***
비리	M(SD)	.46(.70)	.82(.76)	.58(1.07)	1.21(.71)	
기상이변	N	76	226	6	.42	2.75*
	M(SD)	.29(.76)	.36(.75)	.42(1.11)	.69(.76)	
9.11 미국	N	41	180	6	123	5.97**
테러사건	M(SD)	.62(.53)	.65(.63)	.33(.71)	.95(.76)	
교원	N	41	102	39	168	4.6**
정년연장	M(SD)	.48(.64)	.73(.64)	.44(.63)	.82(.80)	
의약분업	N	90	175	16	69	2.38
사태	M(SD)	.49(.59)	.72(.70)	.66(.73)	.70(.75)	
일본 대중문화 추가개방	N	101	101	46	102	2.64*
	M(SD)	.27(.69)	.67(.94)	.33(1.00)	.51(.80)	

참고: ***p<.001, **p<.01, *p<.05, N=350.

<표 11-1> 쟁점별 사후 검정 결과(2)

쟁 점	대상공중	평균차	SD
대통령 친·인척 비리	제약된 공중－문제직면적 공중	.38*	.09
환경오염	제약된 공중－문제직면적 공중	.22	.08
재벌기업 규제 완화	제약된 공중－문제직면적 공중	.37*	.11
공기업 민영화	숙명적 공중－문제직면적 공중	.21	.09
경기 침체	숙명적 공중－일상적 공중	.08	.42
광우병 사태	숙명적 공중－일상적 공중	-.05	.27
고위 공직자 비리	숙명적 공중－일상적 공중	.62*	.15
기상이변	숙명적 공중－제약된 공중	.33*	.10
9.11 미국 태러 사건	숙명적 공중－문제직면적 공중	.33*	.11
교원정년 연장	숙명적 공중－문제직면적 공중	.35*	.10
의약분업 사태	제약된 공중－일상적 공중	.06*	.18
일본 대중문화 추가 개방	제약된 공중－일상적 공중	.34*	.08

참고: *p<.05

4. 가설 Ⅳ-1, Ⅳ-2의 검증

가설 Ⅰ, Ⅱ, Ⅲ이 상황 이론의 기본검증 가설이라면 가설 Ⅳ 및 가설 Ⅴ는 확장연구 가설이다. 가설 Ⅳ-1은 공중의 문제인식은 매스 미디어에서 그 중요성이 부각되지 않은 쟁점보다 부각된 쟁점에서 더 크게 나타날 것으로 보고 있다. <표 12>는 이러한 쟁점의 유형별 문제인식 점수의 평균치를 비교한 표이다. 표에 의하면 부각된 쟁점들의 문제인식 점수 평균치는 3.26으로 나타난 반면, 부각되지 않은 쟁점들의 문제인식은 2.98로 나타나 상당한 차이를 보이고 있다. 그리고 이 차이는 통계적으로도 유의한 것으로 나타났다. 따라서 가설 Ⅳ-1은 지지되었다.

가설 Ⅳ-2는 부각되지 않은 쟁점보다 부각된 쟁점에 있어서의 문제인식은 공중의 정보추구행동에 더 큰 영향을 미칠 것으로 예측하고 있다. <표 13>은 부각된 쟁점과 부각되지 않은 쟁점의 정보추구행동에 미치는 문제인식, 제약인식, 그리고 관여도의 영향력을 회귀분석한 표이다. 이 표를 보면 부각된 쟁점에 있어서 문제인식의 영향력(β)은 .31로, 부각되지 않은 쟁점에 있어서 문제인식의 영향력은 .19로 나타나 있다. 즉 공중의 정보추구행동을 설명하는 데 있어 부각된 쟁점의 문제인식이 부각되지 않은 쟁점의 문제인식보다 더 크게 작용하고 있다는 것을 알 수 있다. 따라서 가설 Ⅳ-2도 지지되었다.

<표 12> 부각된 쟁점과 부각되지 않은 쟁점 간
문제인식 평균치 비교

	쟁점수	M(SD)	t
부각된 쟁점 문제인식	6	3.26(.48)	12.62***
부각되지 않은 쟁점 문제인식	6	2.98(.49)	

참고: ***p<.001

<표 13> 쟁점유형별 정보추구행동에 미치는 영향요인(β)
회귀분석결과(1)

	문제인식	제약인식	관여도	R^2
부각된 쟁점	.31***	.14**	.22***	.24
부각되지 않은 쟁점	.19***	.15**	.39***	.31

참고: ***p<.001, **p<.01

5. 가설 V-1, V-2의 검증

가설 V-1은 공중의 문제인식은 매스 미디어에서 그 중요성이 부각된 쟁점 중 두드러진 쟁점과 두드러지지 않은 쟁점에서 차이를 보일 것이라고 예측하고 있다. <표 14>는 부각된 쟁점 6개 중 두드러진 쟁점 세 개와 두드러지지 않은 쟁점 세 개에 대한 공중의 문제인식의 평균치를 비교하여 제시하고 있다. 표를 보면 두드러진 쟁점의 문제인식은 3.37, 그리고 두드러지지 않은 쟁점의 문제인식은 3.16으로 나타나 차이를 보이고 있으며, 이 차이도 통계적으로 유의한 것으로 나타나 있다. 따라서 가설 V-1은 지지되었다.

가설 V-2는 두드러진 쟁점과 두드러지지 않은 쟁점에 있어 문제인식은 이어지는 정보추구행동에 차별적 영향을 미칠 것이라고 예측하고 있다. <표 15>는 두드러진 쟁점과 두드러지지 않은 쟁점들의 정보추구행동에 미치는 문

제인식, 제약인식, 그리고 관여도의 상대적 영향력을 나타
내고 있다. 이 표에서 알 수 있듯이 쟁점 유형별로 문제인
식의 영향력은 유의한 차이를 보이고 있다. 즉 두드러진
쟁점의 문제인식은 .28의 설명력을 보이고 있으나, 두드러
지지 않은 쟁점의 설명력은 이보다 약간 높은 .31로 나타
나 있다. 그런데 그 차이는 매우 미미한 .03에 불과하다.
이러한 차이는 충분하다고 하기에는 무리가 있으며, 경우
에 따라서는 차이가 없다고도 볼 수 있다. 그러므로 가설
Ⅴ-2는 완전하게 지지되었다고 할 수가 없다.

<표 14> 두드러진 쟁점과 두드러지지 않은 쟁점
문제인식 평균치 비교

	쟁점수	M(SD)	t
두드러진 쟁점 문제인식	3	3.37(.53)	6.70***
두드러지지 않은 쟁점 문제인식	3	3.16(.59)	

참고: ***p<.001

<표 15> 쟁점유형별 정보추구행동에 미치는 영향요인(β)
회귀분석결과(2)

	문제인식	제약인식	관여도	R^2
두드러진 쟁점	.28***	.15**	.31***	.26
두드러지지 않은 쟁점	.31***	.14*	.18**	.21

참고: ***p<.001, **p<.01, *p<.05

제6장 결론 및 논의

제1절 연구결과의 요약 및 해석

이 연구는 크게 두 가지 목적에서 진행되었다. 즉 그루닉의 상황 이론의 기본가정을 확인해 보는 기본검증과 여기서 한 걸음 더 나아가 상황적 이론의 예측력을 넓혀 보려는 시도인 확장연구가 그것이다. 상황 이론은 쟁점을 중심으로 서로 다른 유형의 공중이 형성되며, 이러한 공중들은 쟁점에 관한 정보를 추구하는 행동과 처리하는 행동에 있어 차이를 보인다고 예측하고 있다. 상황 이론에는 세 개의 독립변인과 두 개의 종속변인이 있다. 독립변인은 문제인식, 제약인식, 그리고 관여도로 구성되어 있으며, 종속변인은 정보추구행동(주로 대인 커뮤니케이션)과 정보처리행동(주로 매스 미디어에의 접촉)으로 이루어져 있다.

그루닉은 세 가지 독립변인의 조합을 통해 우선 네 종류의 공중을 만들어내고 있다. 문제인식이 높고 제약인식이 낮으면 '문제직면적 공중', 문제인식이 높고 제약인식도 높으면 '제약된 공중', 문제인식이 낮고 제약인식도 낮으면 '일상적 공중', 그리고 문제인식이 낮고 제약인식이 높으면 '숙명적 공중'이라고 부르고 있다. 이어 관여도의 높고 낮음에 따라 네 종류의 공중은 8개 유형의 공중으로 세분화된다.

상황 이론에 의하면 어떤 쟁점에 대해 문제인식이 높고, 제약인식이 낮으며, 그리고 관여도가 높으면 가장 적극적으로 정보를 추구한다고 한다. 다시 말해 고관여 문제직면적 공중의 정보추구행동이 가장 적극적인 것으로 보고 있다. 가설 I은 이러한 내용에 근거한 가설인데, 검증결과 매우 높은 예측력을 보여주었다. 대부분의 쟁점에서 고관여 문제직면적 공중은 타 유형의 공중들에 비해 가장 적극적으로 정보를 추구하는 것으로 나타난 것이다.

그리고 가설과는 직접적으로 관련은 없지만, 몇 개의 쟁점을 제외하고는 대부분의 쟁점에서 제약된 공중이 타 공중에 비해 상대적으로 매우 높은 점유율을 보이고 있다는 점이다. <표 9>에 의하면 '대통령 친·인척 비리'(201명, 57.4%), '재벌기업 규제완화'(155명, 44.3%), '공기업 민영화'(106명, 30.3%), '경기침체'(182명, 52.0%), '광우병 사태'(109명, 31.1%), '고위공직자 비리'(164명, 46.9%), '기상이변'(172명, 49.1%), '미국테러사건'(118명, 33.7%), 그리고 '의약분업 사태(124명, 35.4%)' 등 9개 쟁점에서는 제약된 공중(고관여, 저관여)의 비율이 가장 높다. 즉 이러한 쟁점에서 공중들은 문제인식이 높으나, 제약인식도 함께 높다는 것을 알 수 있다. 다시 말해 이상과 같은 쟁점에서는 쟁점의 성격상 중요하다고 생각하기는 하나 자신이 어떤 노력을 한다고 해서 변화가 생길 것 같지는 않다고 보는 (즉 자기 효능감이 매우 떨어지는) 사람들이 많다는 것으로 해석할 수 있다. 이에 비해 '환경오염(230명, 65.7%)'에서는 고관여 문제직면적 공중의 비율이, '교원정년 연장(153명, 43.7%)'에서는 저관여 숙명적 공중의 비율이 가장 높은 것으로 나타나 있다. 이것은 대기오염이나 수질오염과 같은 문제는 공중의 개인적 관여도도 높을 뿐만 아니라, 이러한 문제에 대해 매우 중요하게 생각하며 자신의 노력으로 어떤 변화를 이루어낼 수 있다고 생각하는 사람들이 많다는 것을 알 수 있다. 그러나 교원정년을 연장하는 문제는 관여도도 낮고 중요하게 생각하지도 않으며 자신의 노력에 의해 어떤 변화가 생길 것 같지도 않다고 생각하는 사람들이 많다는 뜻으로 해석할 수 있을 것이다.

한편 <표 9>에서 독특한 현상을 발견할 수 있다. 부각된 쟁점에는 제약된 공중의 비율이 가장 높으며 두드러진 쟁점에서는 고관여 제약된 공중이, 그리고 두드러지지 않은 쟁점에서는 저관여 제약된 공중의 비율이 가장 높은 것으로 나타나 있다. 즉 매스 미디어에서 부각된 쟁점에 대해 대부분 응답자들은 그 문제의 중요성을 크게 인식하고 있으나, 자신의 노력이 그 문제를 해결하는 데 별 도움이 되지 못한다고 느끼고 있는 것이다. 또한 '경기침체',

'기상이변', 그리고 '의약분업 사태' 등 평소 직접 경험하기 용이한 쟁점들에 대해서는 제약된 가운데서도 자신과의 관련성을 높게 인식하고 있음을 알 수 있다. 그러나 '대통령 친·인척 비리', '고위 공직자 비리', 그리고 '미국테러 사건' 등 경험하기 힘든 쟁점들에 대해서는 관련성을 크게 인식하지 못하고 있는 것으로 해석할 수 있다. 이것은 이 연구에서 사용된 두드러진 쟁점이 공중의 생활과 직접 관련된 쟁점으로 이루어져 있는 반면, 두드러지지 않은 쟁점은 생활과 직접적인 연관성이 없는 쟁점으로 되어 있기 때문에 이러한 현상이 나타났다고 이해할 수 있을 것이다.

가설 Ⅱ는 공중의 정보추구행동을 설명하는데 관여도보다 문제인식이 더 크게 작용할 것으로 보았지만, 검증 결과 12개의 쟁점 중 9개의 쟁점에서 문제인식보다 관여도의 설명력이 더 높든지(7개) 아니면 같은(2개) 것으로 나타났다. 따라서 가설은 기각되었다. 앞에서도 언급하였지만, 상황 이론에서 공중의 정보추구행동 설명력과 관련하여 가장 논란이 되어왔던 변인은 문제인식과 관여도이다. 선행 연구결과를 보면 그루닉(1978, 1982), 그리고 애트우드와 메이저(1993) 등의 연구에서는 고관여 공중이 저관여 공중에 비해 정보추구행동을 더 많이 하는 것으로 나타났지만, 이럴 경우 고관여 공중들은 문제인식도 함께 높았던 것으로 나타났다. 더구나 문제인식은 그루닉 (1983a), 그루닉과 칠더스(1988), 메이저(1993), 그리고 김인숙(1997) 등의 연구에서 다른 변인들 특히 관여도에 비해 설명력이 더 뛰어난 것으로 조사되었다. 그루닉(1994) 자신도 그때까지의 연구결과를 종합해 본 결과 세 개의 독립변인 중에서 공중의 커뮤니케이션 행동에 가장 많은 영향을 미치는 것은 문제인식이라고 주장한 바 있다. 가설 Ⅱ도 이러한 선행연구의 결과를 따라 설정하였지만 결과는 그렇지 못하였다.

그런데 <표 10>을 자세히 보면 부각된 쟁점들의 문제인식과 관여도의 설명력은 쟁점별로 조금 다른 양상을 보이고 있음을 알 수 있다. '대통령 친·인척 비리' 및 '경기침체'에서는 문제인식보다 관여도의 설명력이 더 높은 것으로 나타나 있다. 그러나 '고위공직자 비리', '기상이변', '미국테러사건' 등에서는 오히려 문제인식이 관여도보다 설명력이 더 뛰어나며, '의약분업 사태'에서는 두 변인의 설명력이 동일한 것으로 나타나 있다. 이러한 결과는 부각되지 않은 쟁점들의 경우 한 쟁점('광우병 사태'는 동일)만 제외하고 나머지 쟁점들에서는 문제인식보다 관여도의 설명력이 더 높게 나타난 것과는 대조를 보이고 있다. 따라서 쟁점을 유형별로 묶어서 분석을 해보면 문제인식과 관여도의 영향력은 유형별로 다르게 나타날 수 있음을 예상할 수 있다.

이러한 예상은 가설 Ⅳ-2와 가설 Ⅴ-2의 분석결과를 보면 적중하고 있음을 확인할 수 있다. 가설 Ⅳ-2의 검증결과인 <표 13>에는 쟁점의 유형별 정보추구행동에 미치는 문제인식과 관여도의 영향력이 제시되어 있다. 표를 보면 부각되지 않은 쟁점들에서는 문제인식(.19)보다 관여도 (.39)의 설명력이 더 높게 나와 있으나, 부각된 쟁점들에서는 이와는 반대로 관여도(.22)보다 문제인식(.31)의 설명력이 더 높게 나타나 있다. 나아가 가설 V-2의 분석결과인 <표 15>는 부각된 쟁점도 두드러진 쟁점과 두드러지지 않은 쟁점으로 나누었을 경우 두 변인의 영향력이 쟁점의 유형별로 다르게 나타남을 보여 주고 있다. 표를 보면 두드러진 쟁점들에서는 문제인식(.28)보다 관여도(.31)의 설명력이 더 높은 것으로, 그리고 두드러지지 않은 쟁점들에서는 이와 반대로 문제인식(.31)이 관여도(.18)보다 더 높은 것으로 나타나 있다.

이상의 내용을 정리해 보면 공중의 정보추구행동에 미치는 문제인식과 관여도의 영향력은 대체로 문제인식보다 관여도가 더 높게 나타났다. 그러나 쟁점의 유형별로 구분하였을 경우 부각된 쟁점에서는 문제인식의, 그리고 부각되지 않은 쟁점에서는 관여도의 영향력이 더 높은 것으로 나타났다. 나아가 부각된 쟁점도 두드러진 쟁점에서는 관여도가, 그리고 두드러지지 않은 쟁점에서는 문제인식이 더 높게 드러났다. 결국 공중의 정보추구행동에 미치는 문제인식과 관여도의 영향은 쟁점 유형별로 다르게 나타난다고 해석할 수 있을 것이다.

가설 Ⅲ의 검증 결과는 상황 이론에서 제약인식이 높은

공중은 정보추구행동보다 정보처리행동을 더 많이 한다는 것을 단적으로 보여주는 예라고 할 수 있다. 즉 어떤 문제에 대해 문제인식과 관여도가 높다고 하더라도 제약인식마저 높으면 그 문제에 관해 주위사람이나 가족과 대화하는 것보다 TV나 신문에서 보도되는 내용을 거저 수동적으로 받아들이기 쉽다는 것이다. 그리고 <표 11>을 자세히 살펴보면 그루닉과 헌트(1984)의 주장대로 공중들은 정보추구보다 정보처리를 더 많이 하고 있다는 것을 알 수 있다. 정보추구행동과 정보처리행동 평균치의 차이를 나타내는 점수가 음의 부호(−)를 나타내면 정보처리보다 정보추구를 더 많이 한다는 뜻인데 쟁점별 공중 유형별로 모두 양의 부호(+)를 나타내고 있다. 즉 일반적으로 공중들은 인지적 노력이 더 요구되는 정보추구행동보다 인지적 노력이 덜 필요한 정보처리를 더 많이 한다는 것을 알 수 있다. 그중에서도 특히 제약인식이 높은 제약된 공중과 숙명적 공중들은 타 유형의 공중에 비해 정보추구보다 정보처리를 더 많이 한다고 볼 수 있다.

가설 Ⅳ-1과 Ⅳ-2, 그리고 가설 Ⅴ-1과 Ⅴ-2는 확장연구가설이다. 선행연구에서 살펴보았듯이 확장연구의 유형은 종속변인을 새로이 추가하는 유형, 독립변인의 차원을 구분하는 유형, 그리고 독립변인의 선행요인에 관한 연구 유형 등이 있다. 이 연구에서는 세 개의 독립변인 중 문제인식에 미치는 선행요인의 일종인 매스 미디어의 영향력을 살펴보고자 하였다. 다시 말해 매스 미디어에서 그 중요성이 부각되지 않은 쟁점보다 부각된 쟁점에서 공중의 문제인식이 더 크게 나타날 것이며, 나아가 정보추구행동에도 차별적 영향을 줄 것으로 가정하였다. 또한 부각된 쟁점도 두드러진 쟁점과 두드러지지 않은 쟁점으로 구분할 경우 마찬가지로 문제인식과 정보추구행동에 차별적 영향이 발생할 것으로 보았던 것이다. 그리고 이러한 가정들은 전적으로 혹은 부분적으로 지지되었다. 단지 <표 13>과 <표 15>에 나타나 있듯이 쟁점의 유형별 문제인식, 제약인식, 그리고 관여도의 설명력이 .21-.31에 머무르고 있어 세 개의 독립변인이 종속변인인 정보추구행동을 충분히 설명하지 못하고 있음을 알 수 있다.

공중의 문제인식이 매스 미디어에서 강조하지 않은 쟁점보다 강조한 쟁점에서 더 크게 나타났다는 것은 매스 미디어의 '의제설정효과'를 확인시켜 준 것이다. 또한 두드러지지 않은 쟁점보다 두드러진 쟁점에서 문제인식이 더 크게 작용한 것은 쟁점의 두드러짐과 관련한 의제설정효과의 논쟁에서 '두드러짐 가설'보다는 '인지적 점화가설'이 더 설득력이 있음을 의미하는 것이다. 따라서 어브링 등(1980), 그리고 데머스 등(1989)의 주장대로 매스 미디어의 쟁점에 관한 보도는 수용자들로 하여금 쟁점에 관한 중요성을 지각하도록 만드는 하나의 자극제의 역할을 한다고 결론지을 수 있다.

제2절 연구의 의의

이 연구의 가치 혹은 의의를 정리해 보면 다음과 같다. 우선 상황 이론의 기본적인 예측력을 다시 한 번 확인할 수 있었다. 상황 이론은 어떤 쟁점이나 문제를 중심으로 문제인식, 제약인식, 그리고 관여도에 따라 서로 다른 공중이 형성되며, 이들의 커뮤니케이션 행동의 정도도 공중의 유형에 따라 다르다는 것을 예측하고 있다. 즉 가장 활동적인 공중인 고관여 문제직면적 공중의 정보추구행동이 가장 적극적이며, 제약인식이 높은 공중일수록 정보추구보다는 정보처리행동을 더 많이 보여줄 것이라고 예측하고 있다. 가설 검증결과에서 보았듯이 이러한 예측은 매우 뛰어난 것으로 나타났다. 실제로 대부분의 쟁점에서 고관여 문제직면적 공중은 나머지 공중들에 비해 더 적극적으로 정보를 추구하였다. 또한 제약인식이 높은 제약된 공중과 숙명적 공중은 대부분의 쟁점에서 정보추구보다 정보처리를 더 많이 하는 것으로 나타났다. 더구나 이러한 예측의 정확성은 쟁점의 수가 12개나 되는 데다 그 분야도 다양한 가운데 나타났다는 점에서 더 큰 의의를 지닌다고 할 것이다.

둘째, 쟁점 선정을 과학적이고 체계적인 방법에 의하였다. 이 연구에서 사용된 쟁점은 연구자의 자의에 의해 선택된 것이 아니라, 일정 기간(2001. 1. 1-2002. 2. 28) 동안 주요 신문과 방송에서 보도된 내용을 분석한 후 선정한 것이다. 쟁점의 유목별 분류작업에 있어서도 본 저자와 모 일간지 기자가 함께 작업을 수행한 것은 연구의 신뢰도를 높이는 데 많은 기여를 한 것으로 사료된다. 또한 쟁점의 두드러짐 여부도 저자가 임의로 정한(선험적 방법)것이 아니라 예비조사(pilot study)를 통해 응답자의 답변을 근거(수용자 기반 조사)로 결정하였다. 다시 말해 쟁점의 선정에 있어 객관성을 유지하기 위해 최대한 노력을 하였다는 것이다.

셋째, 무엇보다도 이 연구는 상황 이론을 확장하는 데 큰 기여를 하였다고 본다. 최근 상황 이론의 확장연구는 독립변인에 영향을 미치는 선행요인에 관한 연구에 초점이 맞추어지는 듯하다. 앞에서도 밝혔듯이 샤(1999)는 세 개의 독립변인에 공통적으로 영향을 미치는 요인에 관한 연구를 한 바 있으며, 앨두리(2001)와 할라한(2000b)은 관여도의 선행요인에 관해 분석한 바 있다. 이 연구도 이러한 연구경향에 맞추어 진행되었다고 볼 수 있다. 특히 이 연구에서는 세 개의 독립변인 중 문제인식과 이의 영향요인으로서 매스 미디어를 관심의 대상으로 삼았다.

공중의 문제인식에는 여러 가지 요인이 영향을 줄 수 있겠지만, 가장 보편적이고 일반적인 영향은 역시 매스 미디어일 것으로 판단하였다. 따라서 매스 미디어에서 부각된 쟁점과 부각되지 않은 쟁점에서 공중의 문제인식은 차이를 보일 것이라는 논리가 가능하였다. 또한 부각된 쟁점 중에서도 공중이 평소 직접 경험하기가 용이한 이른바 두드러진 쟁점과 경험하기가 쉽지 않은 두드러지지 않은 쟁점에 있어서도 공중의 문제인식은 차이를 보일 것이라고 생각하였다. 그리고 이러한 차이는 공중의 정보추구 행동에 그대로 반영이 될 것으로 보았던 것이다.

연구결과에서 나타났듯이 이러한 시도가 대체로 검증이 되었다는 것은 학문적으로 중요한 함의를 갖는다고 보여진다. 매스 미디어에서 중요하게 취급되지 않았던 쟁점보다 중요하게 취급되었던 쟁점과 중요하게 취급된 쟁점 중에서도 평소 경험하기가 용이한 쟁점에서 문제인식이 더 크게 나타난 것은 상황 이론과 의제설정효과 이론, 그리고 인지적 점화가설이 서로 상관관계가 있음을 보여주는 것이라고 볼 수 있다. 결국 이 연구는 상황 이론과 의제설정효과 이론, 그리고 두드러짐 가설 및 인지적 점화가설 등의 결합을 시도한 것으로 이 이론들이 서로 무관하지 않다는 것을 보여 주었다는 점에서 향후의 연구에도 큰 기여를 할 것으로 사료된다.

제3절 연구의 한계 및 제언

마지막으로 연구의 한계점과 아울러 향후 연구를 위한 몇 가지 제언을 하고자 한다. 먼저 표본을 선정하고 자료를 수집하는 데 있어 확률적 표집방법에 의하지 못하였다. 그 결과 응답자의 인구사회학적 특성에 드러나 있듯이 대학생수가 전체 응답자의 거의 절반(49.4%)을 차지하고 있으며, 연령 면에 있어서도 10-20대(64.9%)가 나머지 연령 대(36.1%)에 비해 높게 나타나 있다. 따라서 이 연구결과는 10-20대의 대학생들 및 젊은 세대에 치우친 것일 수 있기 때문에 일반화에는 다소 무리가 따를 수도 있다. 향후의 연구는 이러한 점을 고려하여 확률적 표집에 의해 연구가 진행되었으면 한다.

둘째, 독립변인의 선행요인에 관한 문제이다. 이 연구에서는 문제인식에 영향을 미치는 선행요인 중 매스 미디어의 영향만을 연구의 대상으로 삼았다. 그런데 문제인식의 영향요인에는 앞에서 언급한 바와 같이 쟁점의 고유한 특성, 쟁점에 대한 개인적 경험, 그리고 대인 커뮤니케이션 등 여러 가지를 고려해 볼 수 있다. 이 연구에서는 이러한 제 요인들의 영향력은 개별적이고 특수한 것으로 간주하였으며, 매스 미디어의 의제설정효과에 초점을 맞추어 매스 미디어의 영향력을 가장 일반적으로 보편적인 것으로 보았다. 그러나 엄밀한 의미에서 이러한 제 요인들의 영향력도 경우에 따라서는 매스 미디어보다 더 강할 수 있다. 앞으로의 연구에서는 매스 미디어의 영향뿐만 아니라 이상과 같은 제 요인들의 영향력도 함께 고려해 본다면 더욱 의미 있는 연구결과가 도출될 수 있으리라고 본다.

셋째, 종속변인의 측정항목과 관련된 문제이다. 종속변인 측정 시 정보추구행동 측정항목으로는 '가족과의 대화', '친구나 주위사람과의 대화', '인터넷 검색 혹은 전문가와의 대화' 등 세 문항을 사용하였다. 그리고 정보처리행동 측정항목은 'TV시청', '신문열독', '라디오 청취' 등 역시 세 문항을 사용하였다. 그런데 몇 개 쟁점에서 응답자들은 '인터넷 검색이나 전문가와의 상담' 등을 거의 하지 않는 것으로 나타났다. 더구나 정보처리행동의 경우 '라디오 청취'는 전 쟁점에 걸쳐 거의 하지 않는 것으로 조사되었다. 이들 항목을 제외하였을 경우 측정항목의 내적 일치도(α)는 최소 .4에서 최대 .14까지 향상되는 것으로 나타났다. 향후 이와 유사한 연구에서는 처음부터 이들 항목들을 제외하고 측정하는 것도 고려해 볼만하다.

참고문헌

1. 국내문헌

권중록 (2000). 상황이론을 적용한 목표 공중 분석에 관한
    연구.『홍보학 연구』, 4권 1호, 5~40.

김인숙 (1997). 환경문제에 대한 공중의 커뮤니케이션 행위:
    상황적 이론.『언론과 사회』, 15호, 85~109.

노형진·정한열 (2001).『한글 SPSS 10.0 기초에서 응용까지』.
    서울: 형설출판사.

윤희중·차희원 (1998). 서베이 중심의 2차적 공중의 관여
    도와 정보행동 및 매체선택 행동에 관한 연구.『홍보
    학 연구』, 2호, 2~31.

차동필 (2002). 쟁점 유형별 공중의 문제인식 및 정보추구
    행동에 미치는 매스 미디어의 영향에 관한 연구.『한
    국방송학보』, 16권 3호, 458~489.

2. 외국문헌

Aldoory, L. (2001). Making health communications
    meaningful for women: Factors that influence

involvement. *Journal of Public Relations Research,* *13*(2), 163~185.

Atkin, C. K. (1973). Instrumental utilities and information seeking. In P. Clarke(Ed.), *New model for communication research*(pp.205-242). Beverly Hills, CA: Sage.

Atwood, L. E., & Major, A. N. (1991). *Applying situational communication theory to an international political problem: Two studies. Journalism Quarterly, 68*(1/2), 200~210.

Ball-Rokeach, S. J. (1973). From pervasive ambiguity to a definition of the situation. *Sociometry, 36*(5), 378~389.

Ball-Rokeach, S. J. (1985). The origins of individual media system dependency: A sociological framework. *Communication Research, 12,* 485~510.

Ball-Rokeach, S. J., & DeFleur, M. L. (1976). A dependency model of mass media effects. *Communication Research, 3,* 3~21.

Batra, R., & Ray, M. L. (1984). How advertising works at contact. In L. F. Alwitt, & A. A. Mitchell(Eds.), Psychological process and advertising effects: Theory, research and application. Hillsdale, NJ:

Lawrence Erlbaum.

Behr, R. L., & Iyengar, S. (1985). Television news, real-world cues, and changes I in the public agenda. *Public Opinion Quarterly, 49,* 38~57.

Bandura, A. (1977). Social learning theory. Englewood Cliffs, NJ: Prentice-Hall.

Blumer, H. (1966). The mass, the public, and public opinion. In B. Berelson & M. Janowitz(Eds.), *Reader in public opinion and communication*(2nd ed., pp.43-50). NY: Free Press.

Bonoma, T. V., & Shapiro, B. P. (1983). *Segmenting the industrial market.* Lexington, MA: Lexington.

Brody, E. W. (1988). *Public relations programming and production.* NY: Praeger.

Broom, L., & Selznick, P. (1958). *Sociology*(2nd ed.). Evanston Ill.: Row, Peterson.

Cameron, G. T., & Yang, J. (1991). Effect of support and personal distance on the definition of key publics for the issue of AIDS. *Journalism Quarterly, 68*(4), 620~629.

Clarke, P., & Kline, F. G. (1974). Media effects reconsidered: Some new strategies for communication research. *Communication Research, 1,* 224~240.

Cohen, B. C. (1963). *The press and foreign policy.* Princeton, NJ: Princeton University Press.

Cravens, D. W. (1982). *Strategic marketing.* Homewood, IL: Irwin.

Cunningham, W. H., & Cunningham, I. C. M. (1981). *Marketing: A managerial approach.* Cincinnati: South-Western.

Cutlip, S. M., Center, A. H., & Broom, G. M. (1994). *Effective public relations* (7th ed.). Englewood Cliffs, NJ: Prentice-Hall.

DeFleur, M. L., & Ball-Rokeach, S. J. (1989). *Theories of mass communication*(5th ed.). NY: Longman.

Demers, D. P., Craff, D., Choi, Y. -H., & Pessin, B. M. (1989). Issue obtrusiveness and the agenda-setting effects of national network news. *Communication Research, 16*(6), 793~812.

Dewey, J. (1927). *The public and its problems.* Chicago: Swallow.

Dorner, C., & Coombs, W. T. (1994). *The addition of the personal dimension to situational theory: A re-examination and extension.* Paper presented at the annual meeting of the International Communication Association, Sydney, Australia.

Eaton, H. (1989). Agenda-setting with biweekly data on content of three national media. *Journalism Quarterly, 66,* 942~949.

Erbring, L., Goldenberg, E., & Miller, A. H. (1980). Front-page news and real-world cues: A new look at agenda-setting by the media. *American Journal of Political Science, 24,* 16~49.

Eyal, C. H. (1980). Time frame in agenda-setting research: A study of the conceptual and methodological factors affecting the time frame context of the agenda-setting process (Doctoral dissertation, Syracuse University, 1979). *Dissertation Abstracts International, 40,* 6052-A.

Freeman. R. E. (1984). *Strategic management: A stakeholder approach.* Boston: Pitman.

Green, P. E., Carroll, J. D., & Goldberg, S. M. (1981). A general approach to product design optimization via conjoint analysis. *Journal of Marketing, 45*(Summer), 17~37.

Grunig, J. E. (1978). Defining publics in public relations: The case of a suburban hospital. *Journalism Quarterly, 55,* 109~118.

Grunig, J. E. (1979). Time budgets, level of involvement and use of the mass media. *Journalism Quarterly,*

56, 248~261.

Grunig, J. E. (1982). The message-attitude-behavior relationship: Communication behaviors of organizations. *Communication Research, 9*, 163~200.

Grunig, J. E. (1983a). Communication behaviors and attitudes of environmental publics: Two studies. *Journalism Monographs,* 81.

Grunig, J. E. (1983b). Washington reporter publics of corporate public affairs programs. *Journalism Quarterly, 60*, 603~615.

Grunig, J. E. (1989). Sierra club study shows who become activists. *Public Relations Review, 15*(3), 3~24.

Grunig, J. E. (1994). *A situational theory of publics: Conceptual history, recent challenges, and new research.* Paper presented to the International Public Relations Research Symposium, Bled, Slovenia.

Grunig, J. E., & Childers, L. (1988). *Reconstruction of a situational theory of communication: Internal and external concepts as identifiers of publics for AIDS.* Paper presented at the meeting of the Association for Education in Journalism & Mass Communication, Portland, OR.

Grunig, J. E., & Disbrow, J. B. (1977). Developing a probabilistic model for communications decision making, *Communication Research, 4,* 145~168.

Grunig, J. E., & Hunt, T. (1984). *Managing public relations.* NY: Holt, Rinehart & Winston.

Grunig, J. E., & Ipes, D. A. (1983). The anatomy of a campaign against drunk driving. *Public Relations Review, 9*(3), 36~53.

Grunig, J. E., Nelson, C. L., Richburg, S. J., & White, T. J. (1988). Communication by agricultural publics: Internal and external orientations. *Journalism Quarterly, 65,* 26~38.

Grunig, J. E,. & Repper, F. C. (1992). Strategic management, publics, and issues. In J. E. Grunig(Ed.), *Excellence in public relations and communication management,* pp.117-157. Hillsdale, NJ: Lawrence Erlbaum.

Grunig, J. E., & Stamm, K. R. (1979). Cognitive strategies and the resolution of environmental issues: a second study. *Journalism Quarterly, 56,* 715~726.

Hallahan, K. (2000a). Inactive publics: The forgotten publics in public relations. *Public Relations Review, 26*(4), 499~515.

Hallahan, K. (2000b). Enhancing motivation, ability, and opportunity to process public relations messages. *Public Relations Review, 26*(4), 463~480.

Hallahan, K. (2001). The dynamics of issues activation and response: An issues processes model. *Journal of Public Relations Research, 13*(1), 27~59.

Hamilton, P. K. (1992). Grunig's situational theory: A replication, application, and extension. *Journal of Public Relations Research, 4,* 123~149.

Hearit, K. M. (1999). Newsgroups, activist publics, and corporate apologia: The case of Intel and its Pentium chip. *Public Relations Review, 25*(3), 291~308.

Heath, R. L., & Douglas, W. (1990). Involvement: A key variable in people's reaction to public policy issues. In L. A. Grunig & J. E. Grunig(Eds.), *Public relations research annual*(Vol. 2, pp.93-204). Hillsdale, NJ: Lawrence Erlbaum.

Heath, R. L., Liao, S. -H., & Douglas, W. (1995). Effects of perceived economic harms and benefits on issue involvement, use of information sources, and actions: A study in risk communication. *Journal of Public Relations Research, 7,* 89~109.

Kotler, P., & Andreasen, A. R. (1987). *Strategic*

marketing for nonprofit organizations(3rd ed.). Englewood Cliffs, NJ: Prentice-Hall.

Krugman, H. E. (1965). The impact of television advertising: Learning without involvement. *Public Opinion Quarterly, 29,* 349~356.

Lamb, Jr., C. W., Hair, Jr., J. F., & McDaniel, C. (2000). *Marketing* (5th ed.). Cincinnati, Ohio: South-Western College Publishing.

Lasorsa, D. L., & Wanta, W. (1990). The effects of personal, interpersonal, and media experiences on issue salience. *Journalism Quarterly, 67,* 804~813.

Lasswell, H. D., & Kaplan, A. (1950). *Power and society.* London: Routlege.

Lovelock. C. H., & Weinberg, C. B. (1984). *Marketing for public for nonprofit managers.* NY: Wiley.

Luck, D. J., & Ferrell, O. C. (1985). *Marketing strategy and plans*(2nd ed.). Englewood Cliffs, NJ: Prentice-Hall.

Lunn, T. (1986). Segmenting and constructing markets. In R. M. Worcester & Downham(Eds.). *Consumer market research handbook*(3rd ed., pp.387-423). Amsterdam: North Holland.

MacInnis, D. J., Moorman, C., & Jaworski, B. J. (1991).

Enhancing and measuring consumers' motivation, opportunity and ability to process brand information from ads. *Journal of Marketing, 55*(October), 23~53.

MacKuen, M. B., & Coombs, S. L. (1981). *More than news: Media power in public affairs.* Beverly Hills, CA: Sage.

Maibach, E., & Flora, J. (1993). Symbolic modeling and cognitive rehearsal: Using video to promote AIDS prevention self-efficacy. *Communication Research, 20*(4), 517~545.

Major, A. M. (1993). Environment concern and situational communication theory: Implication for communicating with environmental publics. *Journal of Public Relations Research, 5,* 251~268.

Major, A. M. (1998). The utility of situational theory of publics for assessing public response to a disaster prediction. *Public Relations Review, 24*(4), 489~508.

McCombs, M. E., & Shaw, D. L. (1972). The agenda-setting function of mass media. *Public Opinion Quarterly, 36,* 176~187.

McQuail, D. (1987). *Mass communication theory*(2nd ed.). Newbury Park, CA: Sage.

Michman, R. C. (1983). Marketing to Changing Consumer

Markets. NY: Praeger.

Moffitt, M. A. (1994). Collapsing and integrating concepts of 'Public' and 'Image' into a new theory. *Public Relations Review, 20*(2), 159~170.

Palmgreen, P., & Clarke, P. (1977). Agenda-setting with local and national issues. *Communication Research, 4,* 435~452.

Petty, R. E., & Cacioppo, J. T. (1981). Attitudes and persuasion: Classic and contemporary approaches. Dubuque, IA: William C. Brown.

Petty, R. E., & Cacioppo, J. T. (1986). *Communication and persuasion: Central and peripheral routes to attitude change.* NY: Springer-Verlag.

Ray, M. L. with others (1973). Marketing communicating and the hierarchy-of-effects. In P. Clarke(Ed.), *New models for communication research.* Beverly Hills, CA; Sage.

Reagan, J., & Collins, J. (1987). Sources of health care information in two small communities. *Journalism Quarterly, 64,* 560~563.

Severin, W. J., & Tankard, Jr., J. W. (2000). *Communication theories: Methods and uses in mass media*(4th ed.). NY: Longman.

Sha, B. -L. (1999). *Intercultural public relations: Exploring cultural identity as a means of segmenting publics.* Unpublished master's thesis, University of Maryland, College Park.

Sherif, M., & Cantrill, H. (1947). *The psychology of ego-involvement, social attitude and identifications.* NY: John Wiley & Sons, Inc.

Slater, M. D., O'Keefe, T., & Kendall, P. (1991). Information processing and situational theory: A cognitive response analysis. *Journal of Public Relations Research, 4*(4), 189~203.

Smith, K. A. (1987). Newspaper coverage and public concern about community issues: A time-series analysis. *Journalism Monographs, 101.*

Stamm, K. R., & Grunig, J. E. (1977). Communication situations and cognitive strategies for the resolution of environmental issues, *Journalism Quarterly, 54,* 71 3~720.

Stone, G. C., & McCombs, M. E. (1981). Tracing the time lag in agenda-setting. *Journalism Quarterly, 58,* 5 1~55.

Taylor, J. W. (1986). *Competitive marketing strategies.* Radnor, PA: Chilton.

Watt, J. H., Mazza, M., & Snyder, L. (1993). Agenda-setting effects of television news coverage and the effects decay curve. *Communication Research, 20*(3), 408~435.

Weaver, D., Graber, D., McCombs, M., & Eyal, C. (1981). *Media agenda-setting in a presidential election: Issues, images and interest.* NY: Praeger.

Wimmer, R. D., & Dominick, J. R. (1995). 『매스 미디어 조사방법론』(유재천 · 김동규 역). 서울: 나남. (원전은 1994년에 출판).

Winter, J. P. (1981). Differential media-public agenda-setting effects for selected issues, 1948-1976. *Dissertation Abstracts International, 42,* 05A.

Zucker, H. G. (1978). The variable nature of news media influence. In B. D. Ruben(Ed.), *Communication yearbook 2*(pp.225-240). New Brunswick, NJ: Transaction Books.

<부록> 응답자의 인구사회학적 특성

항 목		응답자수	점유율(%)
성 별	남	158	45.1
	여	191	54.6
연 령	18~19	37	10.6
	20~29	190	54.3
	30~39	58	16.6
	40~49	44	12.6
	50 이상	21	6.0
학 력	대학원	39	11.2
	대학(재학 혹은 졸업)	277	79.1
	고졸	29	8.3
	중졸	5	1.4
직 업	전문직	78	22.3
	관리직	9	2.6
	사무직	34	9.7
	판매직	10	2.9
	서비스직	19	5.4
	생산직	1	.3
	학생	173	49.4
	주부	24	6.9
	미기재	2	.6
평 소 이용매체	신문	85	24.3
	잡지	6	1.7
	TV	142	40.6
	라디오	12	3.4
	인터넷	102	29.1
	기타	3	.9
평 소 구독신문	조선	104	29.7
	중앙	97	27.7
	동아	62	17.7
	한겨레	24	6.9
	한국	7	2.0
	경제신문	28	8.0
	스포츠신문	17	4.9
	기타	11	3.1

・ 저자 ・

차 동 필 ▌약력
(車東弼)
연세대학교 사회과학대학 신문방송학과 졸업
연세대학교 대학원 신문방송학과 석사
경희대학교 대학원 신문방송학과 박사

재능교육 홍보실장
JEI 재능방송 사업국장
현, 한국홍보학회 운영이사
현, 청주대학교 광고홍보학과 교수

▌주요논저
「폭음행위 이해: 계획행동이론의 적용과 확장」
「에이즈 문제에 대한 관여도 차원별 인식의 차이와 낙관적 편견에 관한 연구」
「IMB모델을 적용한 에이즈 예방행동의 이해: 대학생 집단을 중심으로」
「공익광고와 제3자 효과: 타인의 반응에 대한 지식이 미친 영향」
「Grunig과 Hallahan의 공중분류 모델 비교 연구」
「쟁점 유형별 공중의 문제인식 및 정보추구행동에 미치는 매스 미디어의
  영향에 관한 연구」
「금연광고와 제3자 효과: 중・고등학교 학생들을 중심으로」
「언론사 세무조사 보도와 제3자 효과」
『현대사회와 미디어』(공저)
외 다수

쟁점과 공중

・ 초판 인쇄 ┃ 2006년 3월 30일
・ 초판 발행 ┃ 2006년 3월 30일

・ 지 은 이 ┃ 차동필
・ 펴 낸 이 ┃ 채종준
・ 펴 낸 곳 ┃ 한국학술정보㈜
          경기도 파주시 교하읍 문발리 526-2
          파주출판문화정보산업단지
          전화 031) 908-3181(대표) ・ 팩스 031) 908-3189
          홈페이지 http://www.kstudy.com
          e-mail(e-Book사업부) ebook@kstudy.com
・ 등   록 ┃ 제일산-115호(2000. 6. 19)
・ 가   격 ┃ 10,000원

ISBN   89-534-4880-8 93070 (Paper Book)
       89-534-4881-6 98070 (e-Book)